学龄前孤独症儿童融合教育指导丛书

学龄前孤独症儿童融合教育支持性课程

黄昭蕾　蒋锦生　史玉　主编

广西教育出版社 ·南宁·

图书在版编目（CIP）数据

学龄前孤独症儿童融合教育支持性课程 / 黄昭蕾，蒋锦生，史玉主编 . -- 南宁：广西教育出版社，2024. 9.

ISBN 978-7-5435-9507-1

Ⅰ. G766

中国国家版本馆 CIP 数据核字第 2024B8N520 号

策　　划：苏　敏　曾令宪　钱艺琴　　数字策划：曾令宪　钱艺琴　吕远梅

责任编辑：王高阳　　书籍设计：李浩丽

特约编辑：曾一可　　责任技编：蒋　媛

责任校对：龙一新　唐　雯　　技术支持：梁广浩　高欣宇

出 版 人：石立民

出版发行：广西教育出版社

地　　址：广西南宁市鲤湾路 8 号　邮政编码：530022

电　　话：0771-5865797

本社网址：http://www.gxeph.com

电子信箱：gxeph@vip.163.com

印　　刷：广西民族印刷包装集团有限公司

开　　本：787mm × 1092mm　1/16

印　　张：10

字　　数：90 千字

版　　次：2024 年 9 月第 1 版

印　　次：2024 年 9 月第 1 次印刷

书　　号：ISBN 978-7-5435-9507-1

定　　价：42.00 元

总序

孤独症谱系障碍，是一种神经系统广泛性发育障碍，主要表现为语言发育障碍、社会交往障碍、兴趣狭隘和重复刻板行为。孤独症儿童因受疾病本身的影响，在融合教育的道路上困难重重。

近年来，我国关注孤独症儿童融合教育的专业人士越来越多，也有越来越多的机构、幼儿园致力于孤独症儿童的融合教育，这为孤独症儿童提供了更多可以融入普通教育的机会。同时，孤独症儿童融合教育的开展也给相关从业人士带来了专业上的挑战。

“学龄前孤独症儿童融合教育指导丛书”（以下简称“丛书”）是为从事孤独症儿童康复工作的专业人员、开展孤独症儿童融合教育的幼儿园教师以及学龄前孤独症儿童家长提供专业性支持的一套丛书。丛书立足于广西壮族自治区残疾人康复研究中心（以下简称“广西区康”）孤独症儿童康复团队在学龄前孤独症儿童融合教育领域的实践成果，基于 PEO 框架①，在充分尊重学龄前孤独

① PEO 框架，是“人”“环境”“活动”（Person，Environment，Occupation）三个词语的英文首字母组合。这是一个来自加拿大的康复理论框架，可以用来评估和设计康复活动，包括人、环境和活动三个要素。

症儿童个别化差异的前提下，倡导从环境支持和活动设计的角度，给予学龄前孤独症儿童有效的融合支持。丛书共分为五册，分别从学龄前孤独症儿童融合教育模式、面向辅助教师及幼儿园教师的融合教育支持性策略、面向家长的积极支持、学龄前孤独症儿童融合教育中的常见情绪与行为干预以及面向融合教育机构的课程设置这五个方面，给读者带来具有实践指导意义的学龄前孤独症儿童融合教育理念和方法。

丛书充分体现出广西区康孤独症儿童康复团队对学龄前孤独症儿童康复教育事业的使命感，以及对专业孜孜不倦的追求与探索，凝聚了编写团队近十年的心血。希望本套丛书的出版，能够为我国学龄前孤独症儿童融合教育事业的发展出一份力。相信在大家的共同努力下，学龄前孤独症儿童融合教育事业一定会蓬勃发展。

主编　陈国治

序言

国家高度重视教育的发展，将教育放在优先发展的战略位置。融合教育作为实现教育公平的组成部分，是追求和落实“公平而有质量的教育”新要求的重要环节。

20 世纪 70 年代以来，融合教育成为特殊教育发展的主导趋势。在幼儿园开展融合教育，就是在普通幼儿园自然社交环境中，依照特殊需要儿童个别差异扫除参与障碍，给予支持，这既保障了特殊需要幼儿接受教育的权利，又是促进儿童发展、实现教育公平的关键举措。

2001 年，教育部印发的《幼儿园教育指导纲要（试行）》明确，幼儿园“要为每一个儿童，包括有特殊需要的儿童提供积极的支持和帮助”。2014 年，教育部等部门制定的《特殊教育提升计划（2014—2016 年）》指出，“支持普通幼儿园创造条件接收残疾儿童”。2017 年，教育部等部门制定的《第二期特殊教育提升计划（2017—2020 年）》提出，“支持普通幼儿园接收残疾儿童”。2021 年，教育部等部门制定的《“十四五”特殊教育发展提升行动计划》

提出，“积极发展学前特殊教育，鼓励普通幼儿园接收具有接受普通教育能力的残疾儿童就近入园随班就读，推动特殊教育学校和有条件的儿童福利机构、残疾儿童康复机构普遍增设学前部或附设幼儿园，鼓励设置专门招收残疾儿童的特殊教育幼儿园（班），尽早为残疾儿童提供适宜的保育、教育、康复、干预服务”。国家的相关政策为融合教育，特别是学龄前融合教育指明了发展方向，为地方因地制宜做出具体规划奠定基础。

2022 年，广西壮族自治区人民政府办公厅发布的《广西“十四五”特殊教育发展提升行动计划实施方案》提出要大力发展非义务教育阶段特殊教育，“每个设区市至少应设有一所公办幼儿园作为康复定点机构开展融合教育”的具体要求。为深入实施残疾儿童康复救助制度，贯彻落实《广西“十四五”特殊教育发展提升行动计划实施方案》的要求，自治区救助办制定了《广西残疾儿童学前融合教育康复救助实施办法（试行）》。至此，广西的融合教育开始有了制度保障，从共建试点幼儿园开始初步搭建学龄前融合教育支持网络。

从中央到地方，各级政府都在密切关注融合教育的实施进程，增加投入和扶持力度，借助多方力量扩大融合教育的覆盖面。然而，广西区内现有的学龄前融合教育还未有相应实行标准或可大范围学习借鉴的成熟模式，多家高校和单位仍旧处于探索性尝试阶段，成果还不够丰硕。目前，自治区残疾人康复研究中心的“暖融融”项目，与普通幼儿园达成特殊需要儿童融合教育合作共识，支持特殊需要儿童进入普通幼儿园接受融合教育，并为特殊需要儿童配备包括影子教师①、康复治疗师等在内的专业支持团队。实际践行过程中尽管会遇到很多困难，但获得了丰富的融合经验及成果。

本书是“学龄前孤独症儿童融合教育指导丛书”的第五册，将近年来从“暖融融”项目中积累的一些宝贵成果和经验做了浓缩和总结，从融合教育方案制定、支持性课程设计、支持性课程实施等方面详细介绍学龄前孤独症儿童融合教育支持性课程的应用，通过翔实的案例和支持策略的应用及反馈，为学龄前特殊需要儿童融合教育过程中遇到的问题提供解决思路。即使是新手教师，也可以结合本书提供的案例尝试设计和实施更有针对性的个别化支持课程。

---

① 影子教师，是指在学校中陪伴和帮助有特殊需要的孩子在学校适应学习、规划和社会交往，融入主流环境的教育助理。

专业团队的组建、融合环境的争取、支持体系的搭建，每一步都实属不易。我们相信融合教育会带来令人惊喜的改变，期待有更多特殊需要儿童在优质的融合环境中健康快乐成长。本书的出版，是广西区康融合教育团队在融合教育路上的大胆尝试与探索，希望更多相关从业者以实际行动继续壮大融合教育力量，让更多相关的儿童、家庭、专业人员受益，也希望各位读者在实践的基础上能为我们提出更多宝贵的意见与建议。

主编　黄昭蕾

2024 年 7 月

目 录

第一章

融合教育背景下学龄前孤独症儿童的评估

第一节
评估对于融合教育的意义

融合教育康复指导师的工作始于全面而细致的评估，这对于为学龄前孤独症儿童制订有效的康复计划至关重要。评估是收集信息和数据的过程，目的是为儿童做决策或者做与儿童相关的决策，鉴于孤独症儿童的个体差异以及在多元的融合环境中面临的困难与挑战，评估工作显得尤为关键。在评估过程中，我们会系统地收集和分析儿童的认知能力、语言能力、社交技能以及存在的障碍等方面的信息。基于这些详细的评估结果，为儿童量身打造个别化的融合教育计划，旨在帮助他们充分展现自身优势，同时改进和克服不足之处。通过教育与康复的紧密结合，确保儿童能在兴趣和需求的引导下，获得全面而均衡的发展。

为了确保数据的准确性，通常采用综合方法，包括访谈儿童及重要相关人员，进行观察性评估和测试性评估。访谈是一种间接的评估手段，可以初步了解儿童的相关信息，如他们的喜好、兴趣、自理能力以及行为习惯。观察性评估能够直观地掌握儿童在日常生活和学习中的表现，而测试性评估则提供了更为客观和量化的数据。这些评估手段的结合，能够为儿童制订一个与其真实能力水平相匹配的教育计划，避免设定不切实际的目标。

在制订和执行教育计划的过程中，评估数据提供了坚实的指导方向。依据儿童的实际能力水平，可以合理安排教学环境，选择恰当的教学方法，确保儿童能在最适宜的环境中学习和成长。此外，评估还能及时发现儿童在学习过程中遇到的问题和挑战，从而调整教学策略，更好地满足他们的需求。评估是一个记录和收集数据的过程，这些数据必须能够提供有价值的信息，以便教育康复指导师能够做出明智的教育决策，包括教学计划的制订与执行、教学环境和行为管理。

除了深入了解儿童本身的基础能力，还需要从多个维度评估孩子的融合环境，这主要涉及幼儿园和家庭两个方面。我们需考察幼儿园是否拥有一个包容和接纳的整体环境，管理层和教师是否能够提供融合环境的支持，是否具备特殊需要儿童教育的经验，以及是否拥有良好的沟通协作机制，是否配备有尊重、负责、经验丰富、充满爱心和耐心的教师。

在评估家庭方面，需要考虑儿童的家庭结构、养育方式、家庭环境等因素。家庭结构的稳定性、养育方式的科学性、家庭环境的安全性和充满爱意，这些因素都对儿童的成长和康复产生深远的影响。应与家长或监护人进行深入交流，了解他们的期望和担忧，并提供专业的建议和支持，帮助他们为儿童营造一个有利于康复和发展的家庭环境。通过全面的评估，更深入地理解儿童的需求，并为他们提供个别化的支持和干预。

第二节
学龄前孤独症儿童融合教育的常用评估方法

在融合教育的实践中，我们常用的评估方法包括作息本位评估、VB-MAPP[1] 评估、ABLLS-R[2] 评估、功能性行为评估和感觉统

---

① VB-MAPP，即 Verbal Behavior Milestones Assessment and Placement Program，语言行为里程碑评估与安置程序，或者称为语言行为评估系统、课程指导追踪和能力提升系统。后文有详细介绍。

② ABLLS-R，即 The Assessment of Basic Language and Learning Skills-Revised，基本语言和学习技能评估，是一种评估、课程指南和技能跟踪系统，用于指导语言和关键学习技能的教学，是 ABLLS 的修订版。后文有详细介绍。

合评估等。作息本位评估关注孩子目标技能与生活的融合，有助于儿童将所学技能应用于日常生活中，实现能力的泛化。VB-MAPP评估则通过里程碑、障碍和转衔三个维度，全面评估儿童在不同领域的发展状况，为我们提供儿童在学习技能和语言发展方面的详细信息。感觉统合评估帮助我们更全面地了解儿童的身心状况，为解决儿童在幼儿园中出现的情绪行为问题提供有力支持。

一、作息本位评估

幼儿园的一日活动，自早晨的入园仪式始，至傍晚的离园活动终，每个环节均蕴含着深厚的教育价值。这些活动涵盖了游戏、学习、生活自理及社交互动等多个维度。对于学龄前孤独症儿童的融合教育，其过程亦贯穿幼儿园的各类活动中。不论幼儿园的具体背景如何，这些日常活动均遵循一定的规律。作息本位评估正是基于这一规律，通过细致观察儿童在园所日常生活中的表现，来评估他们的各项能力。此评估模式特别关注儿童在一日活动中的多方面表现，包括社交技能、自理能力、课堂参与度及学业技能等。

在作息本位评估中，我们会对儿童在晨检、整理物品、进餐、上课、如厕与盥洗、户外活动、游戏及放学等各个环节的具体表现进行细致的评估。每个环节都被分解为若干具体步骤，每个步骤均设有明确的观察点与记录要求。例如，在晨检环节，评估者会观察儿童是否主动与教师打招呼，是否配合进行手部与口腔检查，以及他们进入园区时的行为表现等。通过这些观察记录，我们能够全面了解儿童在日常活动中的行为表现及发展水平。

此种评估方式的显著优势在于，它不仅关注儿童在特定时间段的表现，还重视他们在日常生活中技能的泛化情况。这使得教育者能够更准确地把握儿童的发展需求，并为他们提供更具针对性的教育支持。同时，作息本位评估还有助于加强家园合作，增进家长对儿童在园所生活与学习情况的了解，从而共同促进儿童的全面发展。幼儿园作息评估记录表如表 1-1 所示。

表 1-1 幼儿园作息评估记录表

时间:				记录人:	
时间	主题	步骤内容	完成方式（+/−/P）	问题行为	备注
7:50	晨检	向老师问好			
		检查手口			
		进入园区			

续表

时间	主题	步骤内容	完成方式（+/-/P）	问题行为	备注
8:00	整理物品	放置个人物品			
		换衣服			
		换室内鞋进入教室			
8:10	早餐	拿椅子坐到餐桌前			
		洗手			
		饭前等待			
		吃饭			
		饭后整理			
		洗手			
		漱口			
		拿椅子放好			
8:30	蒙氏小组活动	遵守课堂常规			
		接收并执行指令达到50%及以上			
		能进行独立活动时间达到50%及以上			
		学习到2个以上的新行为			
	如厕+盥洗	上厕所			
		洗手			
		喝水			

续表

时间	主题	步骤内容	完成方式（+/-/P）	问题行为	备注
9:30	户外活动	排队 / 走队形			
		律动操参与达到 50% 及以上			
		放松操参与达到 50% 及以上			
		集体游戏			
		自由活动			
		集合回教室			
10:00	加餐	进入餐厅			
		洗手			
		等待加餐			
		吃水果			
		餐后整理			
		洗手			
		进教室			
10:15	语言领域活动	遵守课堂常规			
		接收并执行指令达到 50% 及以上			
		能进行独立活动时间达到 50% 及以上			
		学习到 2 个以上的新行为			
10:45	如厕 + 盥洗	上厕所			
		洗手			
		喝水			

续表

时间	主题	步骤内容	完成方式（+/–/P）	问题行为	备注
10:55	区角活动	进入区角			
		能参与区角活动时间达到 50% 及以上			
		整理玩具			
11:10	如厕+盥洗	上厕所			
		洗手			
		喝水			
11:15	午餐	搬椅子坐好			
		等餐，取餐			
		用餐			
		餐后整理			
		洗手			
11:45	放学	取个人物品			
		跟老师同伴说再见			
完成方式符号说明： “+”：独立完成；“–”：无法完成；“P”：Prompt，辅助完成					

注：此表仅作为参考，建议根据所在幼儿园实际的一日活动流程来修改和制定。

二、VB-MAPP 评估

VB-MAPP 评估专为语言发展迟缓的儿童设计，提供基于语言行为基础的语言评估程序。评估内容涵盖三个主要部分。

1. 里程碑评估

里程碑评估涉及提要求、命名、仿说、对话、独立游戏等 16 个领域的能力评估。

2. 障碍分评估

障碍分评估包含 24 个关于学习和掌握语言障碍的评估项目，这些障碍常见于孤独症及其他智力障碍儿童，如行为问题、教学控制、有缺陷地提要求、有缺陷的社交能力等。

3. 转衔评估

转衔评估通过评估负面行为、教室常规和集体能力、社交能力、独立学习等 18 个领域，判断儿童是否具备在较少限制的教育环境中学习的能力。

VB-MAPP 评估的结果可揭示儿童的技能基础水平，并与同龄普通发育的儿童进行比较。这些数据为制订个别化教育计划（Individualized Education Program，简称 IEP）提供重要依据，通过分析这些数据可以知道干预的重点、起始水平、需解决的障碍（如不服从行为、鹦鹉学舌或不能泛化）、适合的辅助性沟通方式、有效的教学策略（如回合教学、自然环境教学）以及最适合儿童的教育环境（如家中、“一对一”课堂、小团体或融合教育）。

在融合教育实践中，VB-MAPP 评估成为融合教育康复指导师们不可或缺的工作工具，它有助于我们详细了解儿童当前的基础技能状况。在评估完成后，融合教育康复指导师会细致地分析评估结果，并与班级教师等融合团队成员进行紧密合作，共同分享儿童在基础认知、行为表现以及生活自理能力等方面的具体信息。基于这些信息，我们为儿童制定了符合其个人发展需求的短期和长期目标。同时，结合儿童所处的融合环境，我们还制定了个性化的教育方案，为儿童的融合教育提供了清晰、实用的指导和支持。

三、ABLLS-R 评估

ABLLS-R 是一套专为语言发展迟缓的儿童设计的评估工具，包含课程项目指南及技能追踪系统。该评估工具最初由 James W. Partington 和 Mark L. Sundberg 共同研究并编制，后于 2006 年经 Partington 修订为现行版本 ABLLS-R。

ABLLS-R 评估工具适用于评估和指导孤独症及语言发展迟缓儿童的语言和基础学习技能。通过该工具，可以准确掌握儿童当前的能力水平，并为儿童的干预项目及课程设计提供指导和参考依据。该工具覆盖了 25 个广泛的评估大项，并细分为 544 个具体的技能小项。每个技能领域内的任务项目均按照从简单到复杂的顺序排列，且各任务之间衔接紧密，有助于精确识别儿童在有效沟通和学习日常经验方面所需的各项技能。这种设计使得 ABLLS-R 成为一个强大的工具，能够帮助教育者、治疗师及家长更好地理解儿童的需求，并为他们提供有针对性的支持和干预。

四、功能性行为评估

学龄前孤独症儿童在幼儿园融合环境中，因技能不足常表现出挑战性行为，如离座、自言自语、攻击他人等。行为主义理论认为，这些行为是儿童适应环境的结果。在这种观点下，那些激发或维持儿童行为的环境事件被视为行为的原因，也被称为行为功能。因此，识别相关的环境事件并确定行为功能，对于有效控制行为的出现和持续至关重要。功能性行为评估正是一种旨在确定行为功能的信息收集过程，其主要目标是识别与行为相关的环境因素，从而为制订有效的行为干预计划提供依据。

实施功能性行为评估的常见方法有以下三种。

1. 直接观察法

在自然环境下观察儿童，记录行为发生前后的事件信息，通过分析这些信息来确定行为功能。这种方法避免了依赖他人的记忆信息，提高了信息的准确性，同时也降低了实施难度，因为它不需要像功能分析法那样系统地操纵环境。

2. 资料收集法

通过与教师、家长等关键人员进行访谈，收集有关行为发生前后的事件信息，并分析这些信息与行为之间的关系，从而确定行为功能。

3. 功能分析法

对行为功能进行假设，并通过标准化的实验程序控制变量，观察行为的变化，以确定行为的功能。

在直接观察法中，常用 ABC 记录表（如表 1-2 所示）来记录儿童的行为和相关事件。其中，A 代表前因（Antecedent），即行为发生前可能会激起儿童行为的事件；B 代表行为（Behavior），即儿童的具体行为表现；C 代表后果（Consequence），即行为发生后的事件。ABC 记录表的主要内容通常包括观察对象（姓名），观察者，观察日期、时间，行为发生背景、前因、行为、后果等信息。

表 1-2　ABC 记录表

个案姓名：__________　　　　观 察 者：__________

目标行为：______________________________

开始时间：__________　　　　结束时间：__________

日期 / 时间	地点	参与活动	前事	行为	结果	时长	补充记录

为确保 ABC 记录表中信息的详尽性、精确性和真实性，在观察记录过程中，必须详尽记录与儿童相关的每一事项，同时避免进行主观解读。在整个观察期间，观察者应尽量减少对儿童的干扰，以防止儿童表现出与其日常行为不符的反应，从而影响后续的行为分析。记录行为发生前后的相关事件后，可进一步分析这些事件与行为之间的潜在联系，进而明确行为的功能性。功能性

行为评估的核心意义在于识别行为的功能，以提高行为干预的效果和效率。研究表明，基于功能性行为评估的干预措施能有效减少孤独症谱系障碍儿童的问题行为，如课堂扰乱行为（插嘴、离开座位、大声吵闹等）、刻板行为（重复同一句话、重复数数等）以及攻击行为（打骂他人等）。这对于在推进融合教育过程中如何减少孤独症儿童问题行为的发生具有重要的指导意义。

五、感觉统合评估

孤独症谱系障碍（Autism Spectrum Disorder，简称 ASD）及其他特殊发育障碍儿童在感觉统合方面普遍遇到挑战，这些儿童的感觉处理过程常常出现不平衡，导致他们在情感调控、学习效率和社交能力等方面面临诸多困难。为了更精确地理解和应对这些问题，我们的融合团队采用了香港协康会职业治疗部制定的评估工具——“感觉信息处理及自我调节功能检核表”和“感觉信息处理临床观察表”作为辅助评估工具。这两套评估工具为我们提供了全面的评估指标，并通过系统的数据分析，精准地揭示儿童感觉统合失调的具体表现和潜在机制。图 1-1 为融合教育工作流程示例。

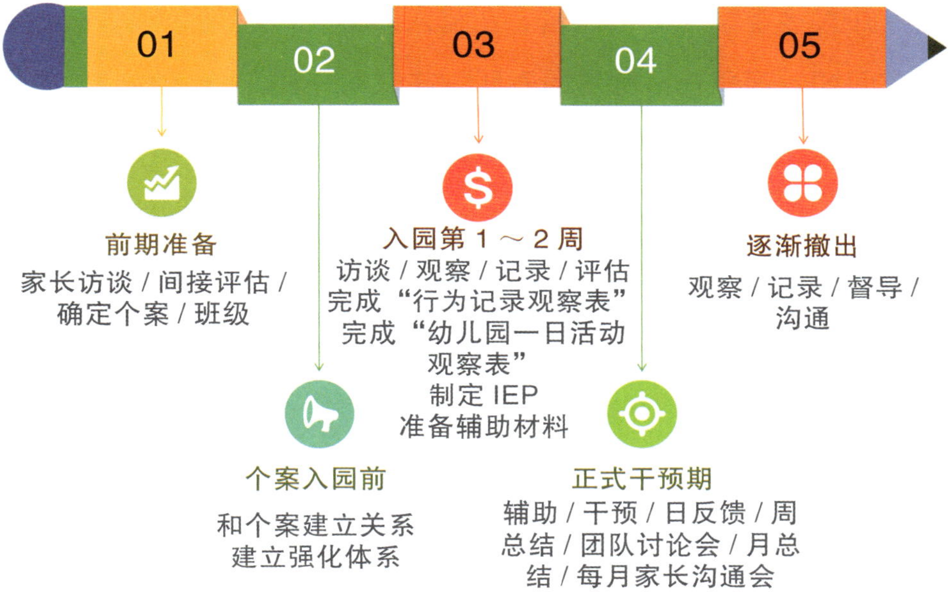

图 1-1　融合教育工作流程示例

凭借这些评估结果，我们能够为每个儿童量身定制康复目标，并设计符合他们个性化需求的教学活动。这些活动的目的在于促进儿童的感觉统合发展，帮助他们构建更加健康和稳定的感觉处理机制。我们的目标是确保每个儿童都能获得最合适的支持和干预，帮助他们克服在感觉统合方面所面临的挑战。

在融合教育实施前，我们利用 VB-MAPP 等工具来全面评估当前儿童的基础能力。这通常需要与家长深入交流，以收集关键信息，并直接观察与测试儿童。儿童入园初期，我们将用 1 ～ 2 周的时间细致观察其日常生活表现，并以幼儿园作息为标准进行评估。若发现明显的行为问题，我们还将运用功能性行为评估方法，通过观察、记录并假设行为的功能，为后续的干预措施提供明确方向。评估工作在融合教育康复指导师的职责中占据核心地位，它不仅为我们提供了儿童能力的基准线，更是制订与执行教育计划的坚实基石。

第二章 学龄前孤独症儿童个别化融合教育计划的制订

个别化教育计划，亦被称为个别化学习计划或个别化教育方案，是根据特殊需要儿童的生理、心理、个性发展及学习状况等特点，为他们量身打造个别化的教育方案，旨在满足其个人学习与发展需求，补偿缺陷并发挥个人潜能。该计划被视为对特殊需要儿童实施特殊教育的重要管理工具，强调以适应和发展学生差异为主导的教学策略与设计。多年的特殊教育实践经验表明，个别化教育计划是实施个别化教学的基石。

第一节
个别化融合教育计划的制订步骤

一、评估数据的综合解析

首先，在制订个性化融合教育计划时，首要且不可或缺的一步是对收集到的评估数据进行系统性的综合分析。这些数据主要来源于幼儿园日常观察记录、VB-MAPP 评估报告等。通过对这些评估数据的细致分析，我们能够精准地识别出学龄前孤独症儿童在哪些具体领域存在困难，进而明确他们的优势与不足。

其次，我们需要将这些识别出的技能缺陷与特定的能力领域进行对应。例如，如果儿童在寻求帮助或表达需求方面遇到困难，这通常与他们的沟通能力相关。这就要求评估者对儿童的各个能力领域有深入的了解，以便能够准确地判断技能缺陷的根源。

最后，我们将从融合教育的具体条目中，查找与这些缺失技能相匹配的领域，并深入分析这些技能无法独立完成的原因。这样的分析有助于确保我们提出的干预措施既具有针对性，又具有可行性。综合孤独症儿童在幼儿园融合所需的技能及其教育目标，我们制订融合教育目标时涵盖了六大领域模块。

（一）自理及流程

自理能力是孤独症儿童在幼儿园融合中需要掌握的技能之一。这包括日常生活自理能力，如吃饭、穿衣、上厕所等。针对这一领域，教育目标应着重于培养孤独症儿童独立完成这些日常任务的能力，并逐步引导他们在规定的时间内按照流程完成。

（二）参与课堂的能力

参与课堂是孤独症儿童融入幼儿园生活的关键环节。他们需要学会在课堂上保持注意力集中，听从教师的指令，积极参与课堂活动。为了实现这一目标，教师可以通过设计有趣的教学活动，激发孤独症儿童的学习兴趣，同时采用正向激励的方法，鼓励他们积极参与。

（三）与学业相关的技能

与学业相关的技能包括认知、语言、书写等方面的能力。孤独症儿童在这方面可能存在一定的困难，因此教育目标应关注提高他们的认知能力，帮助他们建立语言沟通的基础，并逐步培养他们的书写能力。通过采用个性化教学方法和辅助工具，可以有效促进孤独症儿童在这些方面的发展。

（四）社交与游戏

社交与游戏能力是孤独症儿童在幼儿园融合中需要重点培养的技能。他们需要学会与同伴进行互动，参与集体活动，分享玩具和经验。为了培养这些能力，教师可以组织各种社交游戏和活动，鼓励孤独症儿童积极参与，同时教授他们一些基本的社交规则和技巧。

（五）基础技能

运用 VB-MAPP 等专业的评估手段，我们能够深入了解儿童在多个技能领域的实际表现情况，包括命名、提出要求、听觉反应、动作模仿等具体技能。这些基础技能对于儿童在融合教育环境中的学习和成长具有至关重要的支撑作用。

（六）问题行为

问题行为是孤独症儿童在幼儿园融合过程中常见的问题之一。他们可能因为无法适应集体生活、存在沟通障碍等问题而采取攻击、自伤、逃避等行为。针对这些问题行为，教师需要采取积极的干预措施，如制订行为管理计划、提供情绪支持、教授替代行为等，以帮助孤独症儿童逐步纠正这些问题行为。

孤独症儿童在幼儿园融合所需的技能涵盖了自理及流程、参与课堂的能力、与学业相关的技能、社交与游戏、基础技能以及问题行为等多个领域。在制订融合教育目标时，我们应充分考虑这些领域的需求，如图 2-1 所示，为孤独症儿童提供个别化的教育支持，帮助他们更好地适应集体生活和学习。同时，我们也需要不断总结经验，完善教育方法，为孤独症儿童的全面发展提供更好的支持。

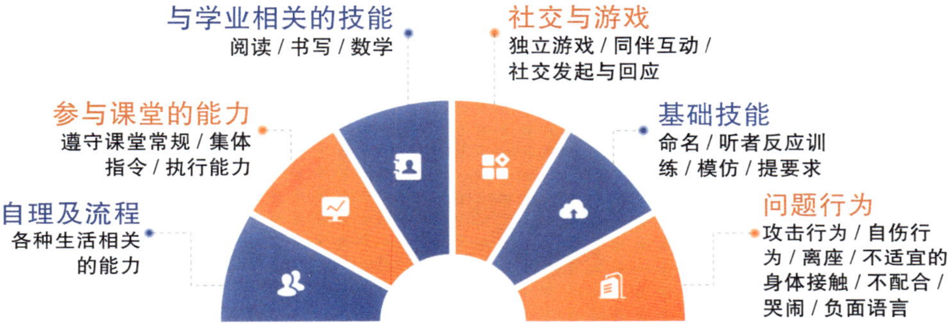

图 2-1　制订融合教育目标时涵盖的六大领域模块示意图

二、多方协作，召开 IEP 会议

IEP 会议是制定个别化融合教育目标的重要环节，需与多方支持人员共同协作。这些支持人员包括融合教育康复指导师、班级教师、行为分析师及家长或者儿童的监护人等。

在会议中，我们将与所有支持人员共同讨论以下关键议题。

一是儿童的当前状态以及存在的障碍和困难。这需要我们全面了解儿童的身心发展状况，以便为他们制订符合实际需求的教育目标。

二是儿童目前已展现的适当行为。这有助于我们识别并强化儿童的优点和长处，促进他们的全面发展。

三是儿童的问题行为及其程度和功能。这有助于我们深入了解儿童的行为问题，制订有效的干预策略，以改善他们的行为表现。

四是设定儿童的长短期目标行为及其相应的支持策略。在会议中，我们将明确儿童的教育目标，并提出具体的支持策略，包括教学方法、辅助工具以及康复训练等。

最终，我们将根据会议讨论的结果，确定个别化融合教育的目标。这一目标将具有明确性、针对性和可操作性，以满足儿童的实际需求，促进儿童潜能发展。制订个别化融合教育目标是一个需要综合分析与多方协作的过程，我们将充分利用评估数据，发挥各方优势，通过 IEP 会议达成共识，为学龄前孤独症儿童制订符合他们实际需要的教育目标。值得注意的是，个别化融合教育在实施前必须与家长或监护人共同商讨，并征得其家长或监护人的同意才能开展。

第二节
个别化融合教育目标的制订原则

在制订学龄前孤独症儿童的个别化融合教育目标时，我们需遵循 SMART 原则，确保目标的具体性、可测量性、可实现性、相关性和时限性。

1. 具体性（Specific）

明确目标是基础。我们的目标不应笼统，而应具体。例如，不应只是设定儿童“能够识别物品”，而应具体到“能够识别和命名五种常见的家居用品，如杯子、鞋子、毛巾、碗和水壶”。

2. 可测量性（Measurable）

为了确保进步的可视化，我们的目标需要是可衡量的。对于上述目标，我们可以设定一个明确的衡量标准，例如，儿童需要在这五种物品中至少识别出四种，才能视为达到目标。

3. 可实现性（Attainable）

目标的设定应考虑儿童的现有能力。若儿童目前只能识别一种物品，那么设定识别五种物品可能过于困难。因此，我们应基于儿童的现有能力，逐步增加难度，确保目标是儿童通过努力可以实现的。

4. 相关性（Relevant）

教育目标应与儿童的日常生活紧密相关。这意味着所教授的技能和知识应能在实际生活中得到应用。例如，教孩子识别和命名家居用品，有助于他们在日常生活中进行基本的沟通和交流。

5. 时限性（Time-bound）

每个目标都应设定一个明确的时间框架。这可以确保我们在合理的时间内评估儿童的进步，并及时调整教育策略。对于学龄前儿童，我们可以设定短期（如一个月）和长期（如一个学期）的目标，以便系统地追踪和评估儿童的进步。

综上所述，通过遵循 SMART 原则，我们可以为学龄前孤独症儿童制订出既实际又有效的个别化融合教育目标，从而更好地支持他们的学习和发展。

第三节
长短期目标的拟定、撰写及范例

个别化教育计划的目标体系包括长期目标和短期目标。长期目标是在个案分析过程中，根据讨论得出的儿童在各领域的训练重点而设定的。为了实现这些长期目标，我们需要从各个训练领域中筛选出与长期目标紧密相关的短期目标。短期目标的制定需要综合考虑儿童的实际情况以及幼儿园等融合环境的实际，由教师和家长协商确定。重要的是，短期目标应当隶属于某一长期目标，这样可以更好地将其纳入阶段性评估中，从而确保教育计划的连贯性和有效性。

一、长期目标

长期目标是指较为概括、抽象、有指示性，时间通常为一个学期（3～6个月）的目标。

1. 长期目标拟定的依据

（1）个案研讨会上课程评量结果。

（2）家长意见与需求。

（3）儿童下一安置阶段的环境要求。

（4）教师对儿童的了解和观察。

2. 拟定长期目标应考虑的因素

（1）儿童能力在3～6个月能发展到的程度。

（2）环境需要的能力。

（3）针对长期考量的能力。

3. 撰写个别化融合教育的长期目标需要遵循SMART原则

在先前的内容中，我们着重阐述了制订个别化教育目标时所应坚持的原则，这些原则在确立个别化融合教育的长期目标时亦必须得到严格遵循。个别化融合教育长期目标示例表如表 2-1 所示。

表 2-1　个别化融合教育长期目标（季度 / 学期目标）示例表

广西区康“暖融融”融合教育班级融合季度计划		
幼儿姓名：小 L	影子教师：覃老师	时间：2024 年春季学期
所在幼儿园班级：月亮一班		机构支持教师：
幼儿园班级教师：陈老师		融合督导教师：黄老师
项目	长期目标	
一、自理及流程	1. 洗手：在 3 个月的时间内，能够独立完成洗手全流程，正确率达到 100%。 2. 就餐：在 3 个月的时间内，能够独立完成取餐全流程（包括拿托盘 / 摆放碗勺 / 盛饭 / 端回座位等），正确率达到 100%。 3. 如厕：在 3 个月的时间内，能够完成如厕全流程（包括“脱裤子—蹲下—擦屁股—提裤子”的步骤），正确率达到 100%。 4. 换衣服：在 3 个月的时间内，能够独立穿脱外套和套头 T 恤衫，正确率达到 100%。 5. 在 3 个月的时间内，能够根据学号正确拿取 / 放置个人物品，正确率达到 100%。	
二、参与课堂的能力	1. 在 3 个月的时间内，在一节 30 分钟的活动课中能够持续保持安坐 10 分钟左右。 2. 在 3 个月的时间内，在集体中能够使用语言回应或者眼神回应教师的呼名，正确率达到 80% 及以上。 3. 在 3 个月的时间内，能执行教师简单的集体常规指令，正确率达到 80% 及以上。	

续表

项目	长期目标
三、与学业相关的技能	1. 在 3 个月的时间内，能够独立点数 1 ～ 10，正确率达到 100%。 2. 在 3 个月的时间内，能够完成 5 以内的数与量对应，正确率达到 100%。 3. 在 3 个月的时间内，能够独立拿—卷—放工作毯，正确率达到 100%。
四、社交与游戏	1. 在 3 个月的时间内，在半日活动中能够独立回应同伴累计达 5 次。 2. 在 3 个月的时间内，能够在半日活动中自发模仿同伴达 10 次。 3. 在 20 分钟的早操活动中，能够跟随或者模仿同伴的时长达 80% 及以上。
五、基础技能	1. 在 3 个月的时间内，能够独立使用简单词语提要求，正确率达到 80% 及以上。 2. 在 3 个月的时间内，能够听懂并执行一步指令，正确率达到 80% 及以上。 3. 在 3 个月的时间内，能够独立命名至少 50 个常见物品。
六、问题行为	1. 降低问题行为（大喊大叫 / 大声哭喊 / 躺地板）的发生频率（每天发生不超过 1 次），缩短情绪行为的持续时间（能够在 2 分钟内恢复）。 2. 增加孩子的好行为。例如，学会等待 / 提要求技能等。
安置建议	基于对小 L 5 天的入园观察，安置建议如下：半天幼儿园随班融合 + 半天机构密集干预。

二、短期目标

短期目标是指达成长期目标过程中的细致、具体的步骤或内容，是完成长期目标的保障。它以儿童身心发展、知识能力的形成为顺序，是内部联系较为紧密的目标梯次。随着短期目标的依次完成，最后达到长期目标的实现。

1. 短期目标拟定的依据

（1）以长期目标为依据。

（2）尽可能以功能性为取向，如儿童生活中需要的技能。

2. 短期目标叙写时应考虑的因素

（1）遵循长期目标。

（2）符合具体（可以动作描述）、可观察、可操作的条件。

（3）顾及层次性。

（4）顾及周延性（知识、情意、动作技能）。

3. 撰写短期目标的基本要素

（1）谁（可以省略）。

（2）在何种情况下（指儿童在哪种情景、条件、协助下，可表现此行为，如在户外活动时、听到教师点名时……）。

（3）做什么（行为）（指希望或说明学生在上述情况下会有怎

样的行为产生，包括“做”和“什么”。“做”应是具体可观察的外在动作，如写、跳、拿、指出、说出、画出、看、模仿、分类、配对、回答、数出；不应该是不具体的描述，如认识、了解、知道、分辨、喜欢）

（4）达标情况（通过标准）。

一般而言，达标情况可以通过次数比率或时间、百分比来衡量。在大多数情况下，以完成率达到 75% 作为达标标准。除非有特别要求，否则可对此项进行省略。

个别化融合教育短期目标（月目标）示例表如表 2-2 所示。

表 2-2　个别化融合教育短期目标（月目标）示例表

<table>
<tr><td>执行日期：2024 年 3 月</td><td>学生姓名：小 L</td><td>督导教师：黄老师</td></tr>
<tr><td>幼儿园班级：月亮一班</td><td>影子教师：覃老师</td><td>个训教师：</td></tr>
<tr><th>项目</th><th colspan="2">目标</th></tr>
<tr><td>本月目标</td><td colspan="2">一、自理及流程。
如厕：在 1 个月的时间内，能够完成“脱裤子—蹲下—提裤子”3 个步骤，正确率达到 100%。
二、参与课堂的能力。
安坐能力：在 1 个月的时间内，在 30 分钟集体课堂上，能够持续保持安坐 5 分钟左右。
三、与学业相关的技能。
数学：在 1 个月的时间内，能够独立点数 1 ～ 5，正确率达到 100%。</td></tr>
</table>

续表

项目	目标
本月目标	四、社交与游戏。 在1个月的时间内，在10分钟的早操活动中，能够跟随或者模仿同伴的时长达到50%及以上。 五、基础技能。 在1个月的时间内，能够独立识别常见物品15个。 六、问题行为。 哭闹时，能够在2分钟内平复情绪。
指导策略	一、自理及流程。 实施人：影子老师、班级教师。 实施过程： 1. 影子老师与班级教师沟通对小L具体目标行为的要求、辅助的方式等。 2. 与小L明确目标要求，明确做到什么程度可以得到表扬和贴贴纸。 3. 为小L准备视觉提示材料：上厕所的具体流程图。 4. 开始使用全肢体辅助，全程帮助小L进行“脱裤子—提裤子”步骤。 5. 使用半肢体辅助，辅助小L进行脱提裤子。 6. 小L初步掌握技能后，使用视觉提示辅助，提示小L完成剩下的步骤。 7. 小L每正确完成一个步骤，就给予奖励，及时强化。 辅助以及辅助撤退： 1. 全肢体辅助：当小L没有意识进行目标行为时，进行全肢体辅助，辅助其完成。

续表

项目	目标
指导策略	2. 半肢体辅助：当小L能够有意识完成目标行为，但是能力不足以完成时，给予半肢体辅助。 3. 视觉提示：提供如厕流程图，提示小L独立完成。 4. 撤销辅助。 强化物： 1. 口头表扬。 2. 贴贴纸。 3. 视觉提示。小L能够做到的，教师便在相应的图片处打“√”，进行复盘强化。 通过标准：连续3天保持100%完成。 二、参与课堂的能力。 实施人：影子老师、班级教师。 实施过程： 1. 影子老师与班级教师沟通孩子的安坐能力，告知班级教师小L需要什么辅助。当小L有安坐的能力时，班级教师及时发现并给予肯定。 2. 为小L提供保持安坐的图片进行视觉提示，准备计时器。 3. 使用计时器为小L提供视觉提示，从短时间计时再到长时间计时，慢慢延长小L保持安坐的时间。 4. 当小L没有做到目标行为时，及时给予辅助，包括半肢体辅助、手势提示及视觉提示。

续表

项目	目标
指导策略	5. 当小 L 能够执行目标行为，且能够坚持到指定时长时，立即给予代币，及时进行强化。 辅助以及辅助撤退： 1. 半肢体辅助：当孩子没有保持良好坐姿时，给予半肢体辅助。 2. 手势提示：当小 L 没有执行目标时，给予适当手势提示。 3. 视觉提示：提供图片 / 计时器。 4. 撤销辅助。 强化物： 1. 口头表扬。 2. 代币。 3. 视觉提示。小 L 能够做到的，教师便在相应的图片处打“√”，进行复盘强化。 通过标准：连续 3 天参与课堂时能持续保持安坐 5 分钟。 三、与学业相关的技能。 实施人：影子老师。 实施过程： 1. 全口语辅助 + 全肢体辅助，帮助小 L 用手指点物品，同时数数，让小 L 仿说。 2. 半肢体辅助 + 半口语辅助，扶住小 L 的手，帮助他点数，使用半口语提示小 L 数数。

续表

项目	目标
指导策略	3. 进行独立点数。 4. 每次执行目标行为给予口头强化，每完成一次 1 ～ 5 的点数就及时进行强化。 辅助以及辅助撤退： 1. 全口语辅助 + 全肢体辅助：帮助小 L 用手指点物品，同时数数，让小 L 仿说。 2. 半肢体辅助 + 半口语辅助：扶住小 L 的手帮助他进行点数，使用半口语提示小 L 进行数数。 3. 撤销辅助。 强化物： 1. 口头表扬。 2. 代币。 通过标准：连续 3 天保持完成 80% 及以上。 四、社交与游戏。 实施人：影子老师、班级教师。 实施过程： 1. 影子老师与班级教师沟通孩子的模仿能力，告知班级教师小 L 需要什么辅助。当小 L 有一定的独立游戏能力时，班级教师及时发现并给予肯定。 2. 为小 L 准备计时器，当小 L 能够达到指定游戏时长时，及时给予肯定和表扬。

续表

项目	目标
指导策略	3. 使用全肢体辅助，帮助小L在集体中跟随模仿。 4. 使用手势，提示小L关注教师。 5. 在个别化课程中单独指导小L熟悉音乐及动作。 辅助以及辅助撤退： 肢体辅助—手势提示—撤销辅助。 强化物：代币。 通过标准：连续3天模仿跟随时间达50%及以上。 五、基础技能。 实施人：影子老师、班级教师。 实施过程： 1. 选取难度适中的物品名称。 2. 教学初期，进行为期2～3天的零错误教学，每认识一个新物品即进行全口语辅助，让小L进行仿说，若正确仿说则立即进行强化。 3. 降低辅助层级，使用半口语辅助。例如，练习“火车”时，教师说“火”，小L能够跟着说出“火车”。 4. 独立进行命名。 辅助以及辅助撤退： 全口语辅助—半口语辅助—独立。 强化物： 1. 口头表扬。 2. 代币。每完成一个指令奖励一个代币。

续表

项目	目标
指导策略	通过标准：连续3天独立命名，正确率达到80%及以上。 六、问题行为。 实施人：影子老师、班级教师。 实施过程： 1. 影子老师与班级教师沟通小L可能出现情绪的原因。 2. 了解小L可能出现情绪行为的原因，并将其归类。 3. 帮小L列出当出现情绪行为时“我可以做……”，帮助其学习该技能。 4. 使用计时器帮助小L计时。如果在2分钟内小L能平复情绪，立即给予强化。 辅助以及辅助撤退： 结合实际情况进行。 强化物：贴贴纸。 通过标准：连续3天，在哭闹时能够在2分钟内平复情绪。

三、目标优先级确定的一些建议

制订短期目标后，教师常常会纠结优先选择哪个模块中的目标来进行干预。在幼儿园融合教育中，选择干预模块是一项至关重要的任务。为了确保目标的针对性和有效性，教师在选择时应综合考虑多方面的因素，确定干预目标的优先级。

1. 优先选择自理及流程板块的目标

这些目标关乎儿童基本生活技能和日常自理能力的培养，是他们在幼儿园学习和生活的基础。通过实现这些目标，我们可以帮助儿童培养独立性，建立自信心。

2. 优先选择技能支撑性目标

这些目标一般从基础技能模块中选择，它们为儿童提供了必要的支撑和辅助，有助于他们在各个方面取得进步。通过加强这些基础技能的训练，我们可以为儿童的全面发展奠定坚实基础。

3. 优先选择与学龄前孤独症儿童优势相关的目标

这些目标有助于发挥儿童的潜能和特长，让他们在特定领域得到更好的发展。通过关注和培养这些优势，可以增强儿童的自信心和自尊心。

4. 优先选择跟学龄前孤独症儿童偏好相关的目标

在选择目标时，还应充分考虑儿童的偏好。选择与偏好相关的目标能够提高儿童的参与度和积极性，使他们在学习过程中保持兴趣和动力。

5. 优先选择马上可以达成的目标

根据“最近发展区”的原理，这些目标的实现可以为儿童带来即时的成就感和自信心，激励他们在后续学习中继续努力。

6. 优先选择日程训练机会多的目标

这些目标能够为儿童提供更多的实践机会和训练环境，有助于他们在日常生活中应用所学技能。

第三章

学龄前孤独症儿童融合教育支持性课程的设置与实践

融合教育为每个儿童创造平等发展的机会，主张在相同的教育环境下为所有儿童提供教育服务，让有不同需要的儿童能够一起学习和生活。这种教育模式不仅关注有特殊需要的儿童，也注重培养普通儿童的社会责任感和合作能力。通过融合教育，我们期望帮助每个儿童建立起自信心，获得归属感，使他们能够在多元文化的背景下全面发展。

融合教育的重要性体现在对有发展障碍的儿童的关注和支持上。这些儿童可能因为孤独症、听力障碍、视力障碍等，在社交、学习等方面面临困难。在融合教育的环境中，他们能够得到更多的关注和支持，从而建立起自信，获得归属感。例如，在学龄前孤独症儿童的融合教育课程中，我们可以采用图片、动画等形式进行教学，以满足他们特殊的认知需求。同时，我们还可以鼓励这些儿童参与集体活动，与同龄人一起学习和成长。这样的教育环境有助于他们建立起积极的社交模式，提高自己的社交能力。除了关注有特殊需要的儿童，融合教育还强调培养普通儿童的社会责任感和合作能力。在融合教育的环境中，普通儿童有机会接触到不同背景、不同能力的同学，从而学会尊重和理解他人。他们可以通过参与各种团队活动、合作项目等，培养自己的合作精神和领导能力。同时，他们也可以从有特殊需要的儿童身上学到坚韧、勇敢等品质，增强自己的社会责任感。

在融合教育的实施过程中，需要注重师资培训和资源配备。教师是融合教育的关键力量，他们需要具备特殊教育的知识和技能，能够关注每个儿童的需求和发展。此外，还需要提供充足的资源支持，如教学设备、辅助工具等，以确保融合教育的顺利进行。

本章节主要从几种常见的融合课程模式、目前的主要做法以及实施策略等角度出发，分析学龄前孤独症儿童融合教育课程设计的思路和框架。

第一节 融合课程的主要模式

为同时满足普通儿童和特殊需要儿童的个别化需求，融合教育课程必须审慎地对现有的普通教育课程进行调整。这一调整过程不仅需要教育者的深思熟虑，还需要他们具备丰富的专业知识和实践经验。目前，众多学者已经提出了多种课程模式，除第二章已介绍的个别化教育计划外，还有双模式教学、基于活动的干预、嵌入式教学、合理调整课程内容、通用教学设计理念的应用等。

双模式教学强调在普通教育课程中融入特殊教育元素，使两类儿童都能从中受益。基于活动的干预则通过设计富有创意和趣味性的活动，激发特殊需要儿童的学习兴趣和积极性。嵌入式教学则注重将特殊教育策略自然地融入普通教育课堂，实现无缝对接。合理调整课程内容则是针对特殊需要儿童的学习特点和需求，对课程内容进行有针对性的调整和优化。通用教学设计理念的应用则强调在课程设计和实施过程中，充分考虑到不同儿童的需求和差异，使课程更具包容性和适应性。

这些课程模式在实施方式和侧重点上各有不同，但它们的核心目标都是一致的，那就是在保障普通教育质量的同时，兼顾特殊需要儿童的特殊教育需求，以实现普通教育和特殊教育的平衡发展。这不仅需要教师具备丰富的专业知识和实践经验，还需要他们不断探索和创新，创造一个更加包容、平等和公正的教育环境。

一、双模式教学

双模式教学旨在同时满足集体和个别化教育的需求，目的在于实现集体教学与个别化支持的有机结合，从而确保每位学生均能在最适合其发展的教育环境中成长。

以某班级为例，假设其中有一名学龄前孤独症儿童。该儿童在集体环境中可能面临诸多挑战，但其社交互动与技能提升的需求不容忽视。在此情境下，双模式教学展现出了其独特的优势。

在双模式教学中，教师会依据儿童的整体学习状况及兴趣偏好，设计富有互动性和启发性的集体教学活动。这些活动旨在引导儿童积极参与，促进合作与交流。对于孤独症儿童而言，这样的集体环境不仅有助于其逐步适应社交互动，更能在潜移默化中提升其社交技能。

然而，为满足不同儿童的需求，双模式教学同样重视儿童的个别化支持。教师会依据儿童的具体情况，如孤独症儿童的特殊需求，结合专业评估工具如 VB-MAPP 的评估结果，为其制定针对性的教育目标。这些目标可能涵盖情绪管理、社交技能等多个方面。

为实现上述目标，教师需要在特定时间段内为孤独症儿童提供个别化的教学支持。这可能包括“一对一”指导、专项辅导等。通过此类个别化支持，孤独症儿童能够在更为安全、舒适的环境中逐步克服障碍，实现技能的提升。

综上所述，双模式教学通过有机结合集体教学与个别化支持，不仅充分满足儿童的多样化需求，更在集体与个别化教学之间找到了最佳平衡点。通过双模式教学的实施，每个儿童均能在最适合其发展的教育环境中充分展现其潜能，实现全面成长。

二、基于活动的干预

在美国的学龄前融合教育课堂中，基于活动的干预被广泛应用。这种干预以儿童为主导，利用自然环境中的事件和活动作为教学内容，同时结合学龄前特殊需要儿童的个别化发展目标。其过程包括评估儿童的起点、评估教学过程和评估教学结果三个步骤。通过这种方法，教师可以更全面地了解每个儿童的需求，从而为他们提供更为精准和有效的个别化支持。

1. 评估儿童的起点

在实施基于活动的干预之前，教师需要对儿童的个别化需求、兴趣、技能水平和发展目标进行详细的评估。通过使用各种评估工具和方法，教师可以更全面地了解每个儿童的起点，从而为他们制订更为合适的教学计划和个别化支持方案。

2. 评估教学过程

在教学过程中，教师将儿童的个别化发展目标融入日常教学活动中。例如，在不同的活动中，教师可以提供特定的支持和指导，帮助儿童发展语言、社交、认知等方面的技能。通过设计各种具有启发性的有趣活动，教师可以激发儿童的学习兴趣和积极性，促进他们的全面发展。

3. 评估教学结果

在教学过程中，教师会定期对儿童的学习和发展情况进行评估，以确保个别化支持的有效性和适切性。通过评估教学结果，教师可以了解儿童的进步情况，及时调整教学计划和策略，以更好地满足儿童的需求，促进儿童的发展。

三、嵌入式教学

嵌入式教学旨在将个别化教育计划或学习目标融入日常集体教学活动中，采用的教育策略主要有随机教学法、环境教学、自然时间延迟、关键反应训练、基于活动的教学、基于过渡环节的教学等。通过将个别化的教育支持嵌入日常教学和活动中，帮助学龄前特殊需要儿童更好地参与和学习。以下是嵌入式教学模式的关键特点和实施方法。

（一）嵌入式教学的关键特点

（1）在日常教学活动中嵌入学龄前特殊需要儿童的个别化发展目标。

（2）教师要灵活运用不同的教学策略，根据儿童的需要调整教学方法。

（3）将个别化教育支持有机地融入集体教学中，不间断地进行调整和评估。

（二）嵌入式教学的实施方法

（1）随机教学法。在常规的教学活动中，根据儿童的需要随机插入一些个别化教学内容或指导，以促进其个体能力的发展。

（2）环境教学。在儿童熟悉的环境中进行教学，利用环境资源激发其学习兴趣。

（3）自然时间延迟。在教学中合理延长给予儿童回应的时间，让其有更多的思考和准备时间。

（4）关键反应训练。通过重复训练帮助儿童熟练掌握某种关键技能或反应。

（5）基于活动的教学。结合实际活动和任务，让儿童在实践中学习和发展相关技能。

（6）基于过渡环节的教学。利用活动转换的过程，有针对性地设计个别化教学内容，让儿童渐进式地接收个别化支持。

通过嵌入式教学模式，教师可以更好地满足学龄前特殊需要儿童的个别化需求，促进他们的全面发展和学习进步。这种教学策略旨在提高教学的效果和个性化的支持，让每个儿童都能获得适合自己的教育帮助。

四、合理调整课程内容

课程调整作为教育领域的重要议题，其定义因不同学者而异，但普遍强调关注学生个性化需求与多样化特点。尽管每位学者在课程调整的具体表述和侧重方面存在差异，他们都共同揭示了课程调整的本质：立足于普通课程，以满足学生的个性化和多样化需求为出发点，特别关注特殊需要学生的教育需求，力求让更多的学生参与到普通课程的学习中。

在课程调整的实施过程中，需遵循一系列原则以确保调整的有效性和适宜性。首先，调整应以学生为中心，充分考虑学生的需求、兴趣和知识背景，并结合个别化教育计划进行有针对性的调整。其次，调整应尽可能保持最小幅度，从最小范围开始，以符合 IDEA[①] 对课程调整的相关规定，确保调整后的学习环境保持普通性而非特殊性。此外，合作教学模式在课程调整的成功实施中扮演着关键角色，需要科技人员、专业治疗人员、学校领导及行政人员的共同参与和协作。同时，课程的调整应具备足够的灵活性，以适应不同类型学生的多样化需求。即使在同一类型的学生中，由于个体差异的存在，也可能需要采取不同的调整策略。此外，同一个学生在不同的课堂环境和时间节点上，其需求也可能发生变化。因此，课程调整应始终保持动态性，及时响应学生的变化需求。

课程调整的效果受到多种因素的影响，包括相关人员的能力与认识、普通学校的设施条件以及相关科技的发展水平等。因此，在课程调整的过程中，需要充分考虑这些因素，并采取相应的措施加以应对，以确保课程调整能够真正发挥出其应有的作用，为

① IDEA，即 Individual Development and Educational Assessment，个人发展与教育评估。

学生的全面发展提供有力支持。

五、通用教学设计理念的应用

从 20 世纪 80 年代中期开始，通用教学设计理念被广泛应用于教育领域，形成了一套基于研究原则的完整框架体系。通用教学设计的核心理念是追求多数学生发展的最大化，通过考虑个体差异，包括学习风格、身体、感知能力等差异，教育更加包容和有效。该教学设计方法重塑了教育方式，旨在最大限度地适应各种学习需求，提高所有学生的学习成就。

通用教学设计的关键特点和原则包括以下方面。

（1）考虑个体差异。根据学生的不同学习风格、感知能力和身体状况，提供个性化的教学支持和适应性策略。

（2）提高包容性教育。通过设定灵活的学习目标和教学方式，确保每位学生都有机会参与并取得进步。

（3）综合评估。在教学设计之前，对学生进行充分而专业的评估，以了解其需求和潜在困难，从而有效调整课程和教学方法。

（4）辅助技术支持。为特殊需要学生提供适当的辅助技术和教育技术支持，以促进其学习和参与。

（5）多方合作。通过深化调整理念，加强师生及家庭之间的沟通与合作，共同优化融合教育课程的调整。

通用教学设计理念的应用不仅有利于提升特殊需要学生的学习能力，还促进班级其他学生的学习。通过提供个性化的支持和多样化的教学策略，通用教学设计理念的应用创造了一个更具包容性和个性化的学习环境，让每个学生都能获得适合自己的教育帮助，有效提高教育质量和学习成果。

第二节
学龄前孤独症儿童融合教育课程的设计框架

前文所述融合教育课程的思路和教学模式，无论哪种构想与实践都在寻求至少两方面的平衡：一是普通课程与特殊需要课程的有机融合，二是普通教学与特殊支持教学策略无缝衔接。这些构想和实践的最终目的是从课程与教学两个维度找到兼顾普通儿童和特殊需要儿童发展的策略与方法，将两者融为一体，支持所有儿童发展。解决学龄前融合教育课程与教学实践过程相互适应、相互支持、动态调整、有机循环问题，是学龄前融合教育课程建构的方向。

孤独症儿童在学龄前阶段面临着学习、社交等诸多方面的挑战。为了帮助他们更好地融入集体，制定和实施一套针对性的融合教育课程显得尤为重要。目前我们综合以上融合课程模式的方向，尊重儿童发展特点和个体差异，以尊重每个儿童在融合教育环境下的发展需要为核心，主要以幼儿园一日活动为立足点，遵从通用教学设计的理念和原则，采用嵌入式教学的形式，评估学龄前孤独症儿童发展水平与需要，通过课程目标、内容和实施策略的动态调整，设计和采用针对学龄前孤独症儿童的融合教育课程。在此基础上，我们持续探索并优化融合教育课程的实施路径，力求为每一个儿童创造一个公平、包容的学习环境。我们主张普通教育与特殊教育深入结合，不仅关注普通儿童和特殊需要儿童的发展需要，更致力于打破两者之间的界限，实现真正意义上的融合。

一、课程内容

在课程内容上，以《3—6 岁儿童学习与发展指南》为基础，课程与教学在一日活动中渗透实施，以嵌入式指导方式为主，通过集体活动、小组活动、个别指导、家庭指导等多种途径实现。

我们注重从儿童的日常生活出发，融合教育康复指导师与班级教师共同商讨，选取贴近他们生活经验和兴趣爱好的主题，让普通儿童和特殊需要儿童都能从中找到共鸣，激发学习热情。同时，我们关注不同儿童在认知、情感、社交等多个方面的发展差异，灵活调整课程目标、内容和实施策略，确保每个儿童都能在课程中获得适合自己的发展机会。课程内容调整是在满足所有儿童发展需要的基础上，针对特殊需要儿童的发展水平调整或增减内容，同时增加普通儿童接纳、关爱特殊需要儿童的课程内容，让孤独症儿童在最小限制的前提下最大程度地融入班级。当孤独症儿童需要专项康复支持时，增加“一对一”或小组专项康复课程，如语言认知训练、感统训练、社交小组训练、行为干预等。

二、教学策略

在教学策略上，我们遵循通用教学设计的理念和原则，尊重每个儿童的个体差异和学习特点。我们采用多种教学方法和手段，如游戏化教学、合作学习、情景模拟等，激发儿童的学习兴趣和积极性。同时，我们注重在教学过程中给予特殊需要儿童更多的关注和支持，通过个别化辅导、小组合作等方式，引导儿童在最小限制中全面参与、全面发展，具体可采取环境支持、材料支持、同伴支持、教师支持、家园合作支持等多种教育策略。

此外，我们还建立了完善的课程评价体系，通过定期评估儿童的发展水平和学习成果，及时调整课程内容和教学策略，确保课程的有效性和适应性。课程的设计框架如图 3-1 所示。

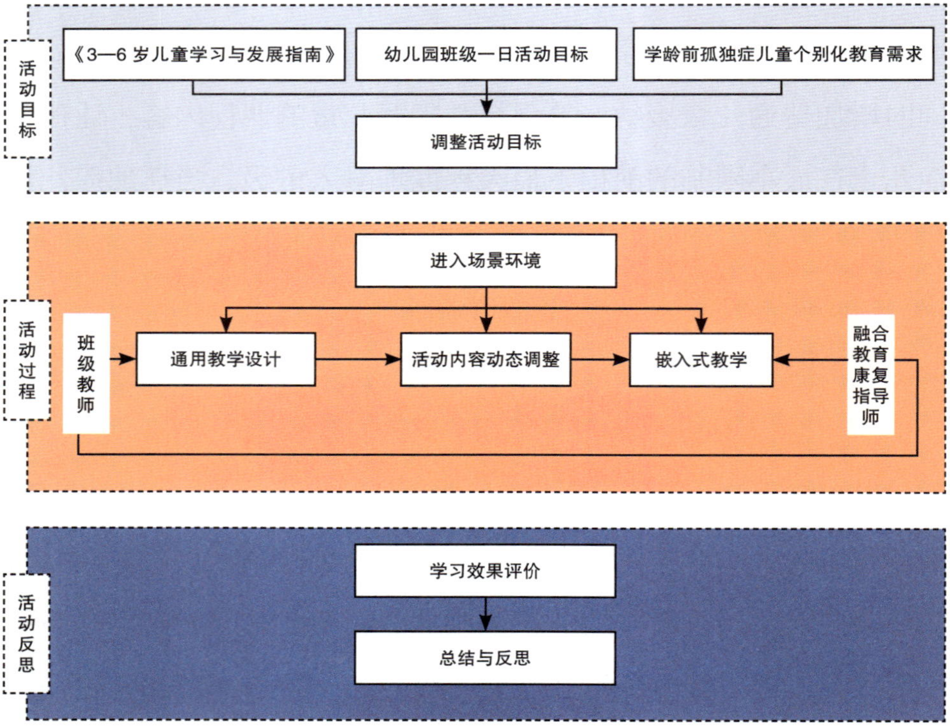

图 3-1　课程设计框架

第三节
学龄前孤独症儿童融合教育课程的实施策略

从融合教育的角度出发，我们应当以普通教育的视角来审视特殊教育。这意味着，我们必须认可孤独症儿童作为儿童的基本共性。同时，为了满足他们的特殊需要，我们也需要对普通教育进行相应的改革，以体现共性中的个性差异。唯有通过普通教育与特殊教育的有机结合，我们才能准确把握孤独症儿童的发展方向，并最大限度地提升干预效果。

在学龄前阶段，孤独症儿童面临着诸多学习和社交方面的挑战。为了更好地支持他们的社会融入和学习进步，制定并实施一套具有针对性的融合教育课程显得尤为重要。无论是幼儿园教师还是融合教育康复指导师，都应深入了解并掌握这些儿童的学习特点和特殊教育需要。

以下是针对学龄前孤独症儿童融合教育课程实施策略的几点建议。

1. 环境支持策略

考量物理与社会环境，调整环境支持儿童的参与及学习。学龄前孤独症儿童往往对物理环境和社会环境有特殊的敏感性。因此，首先要考虑的是为他们创造一个安全、舒适、易于参与的学习环境，包括调整教室布局、提供足够的环境支持和减少环境干扰等。其次，也要营造一个包容、温暖的社会环境，鼓励其他儿童与孤独症儿童建立友好的互动关系，如图 3-2 所示。

图 3-2　教师给大家介绍有特殊需要的小朋友，欢迎他们成为班级新成员

2. 素材调整策略

针对孤独症儿童的学习特点，需要对教学素材进行适当调整。例如，使用大字体、高对比度的教材，以及具有视觉吸引力的教具。此外，还可以通过调整素材的难度和呈现方式，使孤独症儿童在最大程度上独立参与活动。

3. 活动简化策略

为了降低学习任务的难度，需要将复杂的工作任务简化并细分为若干个小部分。这样可以逐步引导孤独症儿童逐步完成任务，并在过程中向他们提供必要的支持和帮助。同时，减少任务的步骤也有助于孤独症儿童更好地理解和完成学习任务。

4. 幼儿喜好运用策略

孤独症儿童往往对某些事物表现出强烈的兴趣。因此，可以将这些兴趣点与教学活动相结合，激发他们的学习动力。例如，利用孤独症儿童喜欢的动画角色或音乐元素来设计教学游戏和活动。

5. 特殊器材运用策略

特殊器材和辅具对于提升孤独症儿童的参与度具有重要作用。例如，使用触觉板、视觉提示卡等工具可以帮助他们更好地理解和完成学习任务。同时，还可以考虑使用辅助沟通工具，如手势、图片等，以促进孤独症儿童的社交沟通。

6. 成人支持策略

在学龄前阶段，成人的支持和引导对于孤独症儿童的学习和发展至关重要。因此，在作息活动过程中，成人需要积极参与并提供必要的支持和帮助。这包括协助孤独症儿童完成任务、解答疑问、提供情感支持等。例如，当在区角活动中儿童不会搭建积木时，成人可用口语提示并示范搭积木的动作，或者搭配社会性强化（赞美或鼓励的方式），协助儿童参与各项活动，如图 3-3、图 3-4 所示。

图 3-3　教师在集体教学中对孤独症儿童进行教学指导

图 3-4　融合教育康复指导师针对孤独症儿童需要提升的技能，进行嵌入式个别化指导

7. 同伴支持策略

同伴的支持对于孤独症儿童的社交技能发展具有重要意义。通过鼓励其他儿童与孤独症儿童建立友好的互动关系，可以帮助孤独症儿童学习社交规则和技巧。同时，同伴之间的合作和分享也可以提升孤独症儿童的社会融入感，如图 3-5 所示。

图 3-5　同伴支持，帮助孤独症儿童练习技能

8. 隐性支持策略

隐性支持是指在幼儿作息活动中，有意识地安排一些自然发生的事件，以促进孤独症儿童的学习和发展。例如，在游戏中设置一些需要合作完成的任务，或者在日常生活中提供一些实践机会，让孤独症儿童在自然的情境中学习和成长。

在我们的融合教育实务工作中，幼儿园教师与融合教育康复指导师需要共同合作，组合使用这些策略（如表 3-1 所示）。幼儿追踪记录如表 3-2 所示。

表 3-1　融合辅助策略表

儿童姓名：郜小林（化名）

使用日期：2023 年 2 月 20 日—2 月 24 日

教　　师：黄老师

目标	影子教师策略	班级教师策略
1. 在用餐环节中，能够独立排队拿食物，取餐后能够回到自己的座位上。	1. 采用代币制，每次集满指定数额的代币，可兑换相应的后备强化物。例如，集满 10 个代币可以获得孩子喜欢的画画活动。 2. 视觉提示策略：制作拿食物的流程图，拍摄拿食物的照片，让儿童根据视觉提示进行每一个步骤的操作，或者进行示范，让儿童重复练习（可在个别化训练中练习）。 3. 及时引导表达：如果儿童出现中断或者拒绝参与的行为，教师及时引导其恰当地表达，例如，我不饿，我吃过了，我不想吃等。 4. 区别强化：当儿童在辅助下完成目标，可以给予 1 个代币奖励；如果儿童能独立完成，立即给予 2 个代币。	1. 在集体活动中调整发指令的距离，尽量就近对特殊需要儿童发指令，帮助其更好地聆听。例如，调整位置，让儿童靠近教师。 2. 降低对特殊需要儿童的指令难度，简化指令，目标明确。 3. 提高指令的依从性，教师下达指令之后，如果儿童没有执行指令，需要及时进行辅助，帮助儿童养成听到就去做的习惯。 4. 给特殊需要儿童重复练习的机会，帮助儿童获得成功体验。例如，先让儿童明确拿食物的流程并示范，再让儿童尝试独立完成。在这个过程中及时给予儿童鼓励和肯定。

续表

目标	影子教师策略	班级教师策略
2. 能够跟随小朋友走线或排队达 3 分钟。	1. 配合班级教师一起选择能干的小帮手，为儿童提供适当的帮助。 2. 提前告知儿童，如果能够跟随小朋友进行排队，每做到 1 次可获得 1 个代币。 3. 当儿童在排队或走线时出现离开队伍的情况，教师及时介入，使用动作提示或者肢体辅助帮助儿童回到活动中。 4.DRO[①]：及时强化儿童不离开队伍的行为。	5. 采用同伴支持策略，在不同的活动环节中“结对子”，让普通儿童带领特殊需要儿童。 6. 当儿童参与到活动中或者有恰当的行为表现，给予肯定，及时表扬和鼓励。 7. 与影子教师合作，动态观察或指导。
3. 小组蒙氏工作时，全程时间中有 70% 的时间在工作区域内进行工作。	1. 配合班级教师一起选择能干的小帮手，为儿童提供适当的帮助。 2. 提前告知儿童，如果能够在区域内进行工作，每隔 2 分钟可获得 1 个代币。 3. 当儿童在活动中出现发呆、离座的情况，教师及时介入，使用动作提示或者肢体辅助帮助儿童回到活动中。 4.DRO：及时强化儿童不离开工作区域（不离座）的行为。	

① DRO，即 Differential Reinforcement of Other Behaviors，对问题行为不出现时的强化，是指当孤独症儿童在一段预计的时间内没有出现问题行为时，即刻给予强化。

表 3-2　幼儿追踪记录表

幼儿姓名：小欢　　性别：男　　年龄：6 岁

班　　级：智慧班　　教师：莫老师

康复中心对幼儿的初次评估情况
评估日期：2024.1.29—2024.1.30 1. 里程碑评估 在本次里程碑评估中得分为 109 分，语言发展能力相当于 18 ～ 30 个月的正常发展儿童，各领域技能发展不均衡，在评估中发现儿童在社交游戏和提要求、执行复杂指令等领域相对较弱，评估中能独立命名物品，但是语言理解能力有待提高，比较依赖成人辅助，建议介入有针对性的“一对一”训练和小组干预，帮助儿童加强各领域技能，促进语言行为的发展。 2. 障碍评估 在本次障碍评估中得分为 35 分，存在较多影响儿童学习和能力发展的障碍问题。在评估过程中发现，儿童对于环境的要求较高，在声音较多、环境复杂的场景里会容易分神，对评估师的指令反应较慢；在集体的小组活动中，对于教师的集体指令需要教师肢体辅助后进行反应，介词和代词指令执行较弱，总体社交能力较弱，以被动式社交为主，建议及时进行有效的干预。 3. 转衔评估 在本次转衔评估中得分为 60 分，应结合小组干预解决儿童的社交问题，“一对一”训练提升儿童高阶认知能力，帮助儿童更好地适应宽松自然环境下的生活。

续表

康复中心对幼儿的初次评估情况
一、幼儿行为观察记录
集体课或活动展示的时候常常表现为“很忙”，只做自己想做的事情，“老师我想上厕所，老师我想去擤鼻涕……”这天我们小组活动是认识数字 1～9，小欢刚开始认真地坐在位置上听着教师说话并动手操作教具，不一会儿就从座位上“弹射”起来，说“我流鼻涕了”，双脚用力踩在地板上，地板发出“砰砰砰”的声音，他一溜烟跑到纸巾盒处抽出了一张纸擦鼻涕，擦完鼻涕后就顺势扔在了桌上，又跑开了。
二、幼儿行为分析（与《3—6 岁儿童学习与发展指南》目标相对应）
《3—6 岁儿童学习与发展指南》中关于语言的目标之一是“别人讲话时能积极主动地回应”。 语言是交流和思维的工具，语言发展贯穿各个领域，也对其他领域的学习与发展有着重要的影响。 1. 自我调节能力：小欢在上课时和活动中表现出“很忙”，经常想做自己的事情，比如上厕所或擤鼻涕。这可能表明他的自我调节能力比较差，需要更多的指导和训练来控制自己的行为，学会尊重集体活动的规则和要求。 2. 专注力和注意力：在“认识数字”的小组活动中，小欢表现出一定的专注力和注意力，能认真听教师讲解并动手操作教具。然而，他很快就被自己的生理需求（如口渴、尿急等）打断，缺乏持续专注的能力，需要教师帮助来提升专注力水平。 3. 情绪管理和自我控制：当小欢感到有鼻涕时，他表现出急躁和不耐烦的情绪，迅速离开座位去处理自己的问题。他的行为可能反映出他情绪管理和自我控制方面的能力较弱，需要教师和家长的引导和支持来帮助他学会更好地控制情绪和行为。 4. 社交技能和礼仪意识：小欢在处理鼻涕问题时，没有按照集体活动的规则和礼仪来行动，比如将用过的纸巾随意扔在桌上。这可能与他的社交技能和礼仪意识有关，需要教师和家长帮助他建立良好的社交习惯和行为规范。

续表

康复中心对幼儿的初次评估情况
三、支持幼儿的策略
综合以上分析，将开展以下支持来帮助小欢。 1. 帮助小欢建立良好的自我调节能力，教导小欢遵守集体活动的规则和要求。 在日常生活中，可以通过制订明确的规则，帮助小欢理解集体活动的要求。例如，提醒他在必要时等待合适的时机再去上厕所或处理生理需求，或在跟随集体上厕所时处理生理需求，以培养他的耐心和自我控制能力。 2. 提供适当的支持和引导，帮助小欢提升专注力和注意力水平。 为了提升小欢的专注力，我们尝试使用分段式学习方法，让他在短时间内集中注意力完成一项或几项任务，然后逐渐延长他的专注时间。同时，尽量创造安静、无干扰的学习环境，帮助他更好地保持注意力。 3. 教导小欢有效的情绪管理和自我控制技巧，培养小欢处理问题时的耐心。 在面对情绪问题时，教师和家长可以引导小欢认识自己的情绪，教他使用适当的方式来表达和处理情绪，比如深呼吸、坐在位置上静一静或寻求成人的拥抱及帮助。同时，鼓励他在遇到困难时冷静思考，避免冲动行为，在他稍微有改善的时候及时给予鼓励。 4. 强调社交技能和礼仪意识，教导小欢尊重他人和爱护环境，养成良好的社交习惯。 为了提升小欢的社交技能，可以引导他通过模仿示范的方式，拥有正确的社交行为和遵守礼仪规范。鼓励他尊重他人和爱护环境。引导他正确处理个人物品和垃圾，培养他的社交责任感和团队意识。 通过以上支持策略的实施，可以帮助小欢逐步提升各方面的能力和技能，促进他在学习和社交方面的全面发展。同时，教师和家长的关注和引导也将对他的成长起到积极的推动作用。

续表

康复中心对幼儿的初次评估情况
四、幼儿的转变
小欢将逐渐学会遵守集体活动的规则和要求，大吼大叫的现象逐渐消失，同时建立起良好的自我调节能力。他会意识到自己的行为对周围环境和他人的影响，学会控制自己的冲动和情绪，以更好地融入集体活动，同伴也能接纳他。 通过支持策略教师逐步延长学习时间和创造适宜的学习环境，小欢的专注力和注意力水平得到提升。他更容易集中注意力完成任务，提高学习效率。 通过学习有效的情绪管理和自我控制技巧，小欢处理问题时能保持耐心和冷静。他能有效地表达自己的情绪，避免冲动行为，提高解决问题的能力。 通过强调社交技能和礼仪意识的培养，小欢建立起尊重他人的良好习惯。他会更加注重与他人的交往方式，在教师的引导下会说“对不起”“谢谢”等礼貌用语，学会正确处理社交场合中的行为举止。 总的来说，通过这些支持策略的实施，小欢在自我调节、专注力、情绪管理和社交技能等方面有明显的改善和转变，为他接下来的学习和成长打下坚实的基础。

实施学龄前孤独症儿童融合教育课程时，应结合儿童的具体情况，综合运用融合教育课程实施策略，以使儿童能够在学习和生活中获得更多的进步和成长。我们可以从下面两则实务案例中获得启发。

实务案例一

花花是一名 5 岁的孤独症儿童，她在日常的学习和生活中面临着许多特殊的挑战。在学习区活动时，花花常常表现出对周围环境的独特兴趣。她可能会拿起一个玩具车，反复推动，而不是像其他孩子那样，用玩具车进行角色扮演或创造故事。对于学习区的教具和活动，花花往往缺乏兴趣，也不太理解这些物品的用途。

为了满足花花的特殊需求，教师在学习区的规划与设计上进行了精心的考虑。教师摆放了不同难易程度的教具，提供了丰富多样的素材，让花花可以根据自己的能力和兴趣选择合适的教具进行操作。这样的环境布置旨在帮助花花逐步建立起对学习的兴趣和动力。

在引导花花参与学习的过程中，教师们采取了一系列针对性的策略。首先，教师会简化任务，让花花从简单的活动开始，逐步适应并逐渐提升难度，帮助她积累成功的经验，激发她的学习兴趣。其次，教师给予花花充分的预告，明确告诉她完成任务的标准，并在她取得进步时给予及时的赞美和鼓励。此外，教师还邀请一些对花花有兴趣的同伴来陪伴她学习，给予她支持和帮助。

当花花拿起手中的物品在眼前晃动寻求刺激时，教师给予她短暂的时间来满足这种需求。然而，如果这种行为持续的时间过长或过于频繁，教师会适时地介入，递给她另一个物品或引导她将注意力转移到其他事物上。例如，在益智区，教师为花花准备了串珠游戏。一开始，教师只给她少量的珠子，让她尝试将珠子串入棒中。随着她逐渐适应并取得进步，教师逐渐增加珠子的数量，提升游戏的难度。当花花完成任务时，教师给予她社会性角度的增强，如赞美和拥抱，以此鼓励她继续努力。

由于花花在社交和情感方面存在一些困难，她可能不太容易察觉到他人的情绪或反应，在与花花互动时，教师刻意提高音量或放大开心的情绪反应，以帮助她更好地理解并感受他人的情感。通过这些针对性的引导和支持，花花在学习和生活中获得了更多的进步和成长。

实务案例二

有些有发展障碍的儿童，特别是孤独症儿童，可能对多种类型的感觉刺激过于敏感。对声音的过于敏感可能是最常见的。玩具分享时间，教师关注到大家正玩着一辆会发出声音的闪光的警车，亮亮急忙慌乱地捂住耳朵躲到辅助教师的后面，说："老师保护我。"辅助教师问他在害怕什么，他指着警车说："我怕它。"这就表明了此时警车的声光信息让他感觉到压力大。教师尝试抱着他，引导他通过触摸的方式去感知，先尝试握着他的手，用食指的手指尖轻轻触碰玩具车，问他："你的手摸到了车门，感觉车门是硬的还是软的？"他能回答："是硬的。"教师继续问道："手指碰到车门的时候，感觉到痛吗？""不痛。""手指感觉到痒吗？""不痒。"这时在教师怀里的亮亮身体已经变得放松了。教师和亮亮一起用手指尖再一次触摸车门，继续提问："摸的时候感觉到车门是粗糙的还是光滑的呢？"亮亮回答道："是粗糙的。""棒极啦！这一次我们用两个手指一起摸一摸，再感觉一下。"教师握着他的手继续尝试触摸，感知光滑、粗糙。慢慢增加手部触摸的面积，触摸车辆的各个部位，如双手触摸车轮，手指摁车辆的按钮，等等。通过触摸游戏，增加他的感官体验，并通过小组游戏的形式，巩固这种愉快的体验感，从而达到脱敏。

本案例参照了《3—6岁儿童学习与发展指南》(以下简称《指南》)的不同领域目标。

1. 有比较强烈的情绪反应时，能在成人的提醒、陪伴下，逐渐平静下来。[《指南》—健康—（一）身心状况—目标2—情绪安定愉快]

2. 别人对自己讲话时能回应。[《指南》—语言—（一）倾听与表达—目标3—具有文明的语言习惯]

3. 会运用介绍自己、交换玩具等简单技巧加入同伴游戏。[《指南》—社会—（一）人际交往—目标2—能与同伴友好相处]

鉴于此，对亮亮使用到的策略如下。

1. 关注亮亮的感受，尊重亮亮的情绪，拥抱他、鼓励他、陪伴他尝试感知、体验。

2. 在亮亮不反对的情况下尝试拓展游戏。

3. 对亮亮好的行为表现给予具体的、有针对性的肯定和表扬，并适时加入新的目标和要求，引导亮亮多尝试，多体验，感受游戏的快乐。

4. 分解目标，循序渐进地引导亮亮感知、体验，为亮亮提供合作的机会，帮助亮亮在小组、集体等多种游戏活动中感知、强化快乐的体验感。

从提供的案例可见，针对学龄前孤独症儿童的融合教育课程实施策略，必须全面考量环境支持、素材调整、活动简化、幼儿喜好运用、特殊器材运用、成人支持、同伴支持和隐性支持等诸多方面。通过综合应用这些策略，幼儿园教师和融合教育康复指导师能合作引导孤独症儿童更好地融入幼儿园的日常活动中。

第四节
学龄前融合教育支持性课程实施评价

在实施融合教育支持性课程的过程中，构建多元、有效的评价体系显得尤为重要。课程实施评价不仅有助于监控儿童的干预效果，还能动态调整和优化课程目标与教学策略。此外，它还为教师和家长提供了具体的指导建议，以促进孤独症儿童更好地融入幼儿园的教育环境中。

一、观察记录评价

观察记录评价是一种重要的评价方式，它强调观察儿童在每日活动中的行为表现、活动参与程度、情绪状态以及目标完成情况等。通过观察，教师可以了解儿童的兴趣、优势、困难以及学习风格，从而为他们提供更有针对性的支持和帮助。观察记录一般采用文字和表格的形式，还可以通过照片、录像等多媒体手段进行佐证，使评价更加客观、全面。

在实施观察记录评价时，教师需要具备一定的观察能力和记录技巧。首先，教师要明确观察的目的和内容，确保观察的针对性和有效性。其次，教师要学会使用合适的记录工具，如观察记录表、行为检核表等，以便及时、准确地记录儿童的行为表现。最后，教师还要学会如何解读和分析观察记录，从而得出合适的评价结果。

二、教学活动反思

教学活动反思旨在了解课程设计的实际成效，包括教学内容、教学方法、教学资源等方面的适应性和有效性等。通过观察和记录，可以全面了解课程实施过程中的问题和不足。例如，教师可以反思活动目标达成的难易度、教学方法是否适合孤独症儿童的学习特点，教学资源是否丰富多样，课程内容是否有趣易懂，教学方法是否激发了他们的兴趣和动机等。

三、短期总结与反馈

我们采用日反馈、周反馈作为课程实施效果的一种评价方式。在“每周随班融合反馈表”（如表 3-3 所示）中，记录本周儿童每日的目标完成情况，并用文字描述分析每个目标完成情况的具体表现，总结本周儿童在课堂的投入程度、情绪表现，并给予相应的家庭指导建议。这些短期的总结与反馈能够让大家及时了解儿童在各个方面的目标完成情况，当下取得的进步或存在的问题与困难，以便及时调整教学策略，更好地满足他们的学习需求。

表 3-3　每周随班融合反馈表

儿童姓名:________　使用日期:______年__月__日—__月__日

教　　师:________

融合周目标	完成情况					周目标情况分析
	周一	周二	周三	周四	周五	

续表

个别化训练目标	完成情况					目标情况分析
	周一	周二	周三	周四	周五	
周目标总结包含以下几点 1. 幼儿课堂投入程度 2. 幼儿课堂情绪表现 3. 家庭康复指导建议						
本周在园基本情况总结 1. 生活自理方面：就餐 / 如厕 / 更换衣服 / 换鞋 / 午睡等 2. 集体表现：集体指令、同伴模仿、共同关注等 3. 社交发起 / 回应 4. 个人工作表现 5. 其他						

完成情况记录：独立完成（+）　全辅助（FP①）　部分辅助（PP②）　无法完成（－）

四、学期总结与评价

学期总结与评价旨在全面考察儿童在自理、基础技能、社交

① FP，即 Full Prompt，全辅助。

② PP，即 Part Prompt，部分辅助。

游戏等模块的综合能力。我们采用 VB-MAPP 等评估工具作为后测，客观评估儿童经过一学期融合教育干预后的效果。同时，班级教师和融合教育康复指导师的观察也是评估的重要方式，我们参考一些关于幼儿园融合的评价内容，自制了“学期儿童融合情况总体评价表”（如表 3-4 所示），从遵守常规、学习态度、学习能力、个人自理等方面进行评分，并用文字描述儿童该学期融合的总体表现，给予儿童下一阶段的安置建议。

表 3-4　学期儿童融合情况总体评价表

儿童姓名：乐乐　　年龄：6 岁　　学期：2023 年秋季

融合教育康复指导师：吕老师

评量方式：依幼儿融合状况实际表现，分为四个等级，请在相应的内容后面填写评分。

4 分：很好或经常做到

3 分：表现平平或半数时间做到

2 分：尚待加强或有时做到

1 分：很差或几乎都做不到

观察项目	具体内容	评分	项目总体表现
遵守常规	1. 有自己将东西收拾归位的习惯	2	本学期乐乐在幼儿园一日活动中，大部分常规都需要教师辅助参与，独立参与较少。
	2. 可以独立静坐学习，不随意离座	1	
	3. 能够遵从教师的指令和要求	2	
	4. 大部分时间能够配合班级作息活动	2	
学习态度	1. 对多数的学习和活动有兴趣，并会主动参与	1	乐乐对班级环境中各类学习和集体活动不感兴趣，会主动寻找和关注自己感兴趣的物品，对教师和同伴的关注欠佳。
	2. 会做的事愿意自己做	2	
	3. 自由活动时能主动选择适当的活动或玩具	3	
	4. 愿意主动探索环境及尝试新经验	2	
学习能力	1. 团体教学活动中可集中注意力，维持一半以上的时间	1	乐乐较难理解集体教学中的内容，极少会独立模仿教师或者同伴的动作，也极少出现独立完成集体指令的行为，仍需要教师个别化指导。
	2. 自由活动时间能专心进行活动 10 ～ 15 分钟	2	

续表

观察项目	具体内容	评分	项目总体表现
学习能力	3. 能独立完成教师交代的事务以及学习活动	1	
	4. 可理解大部分的上课内容	1	
	5. 能在团体中进行有效的学习，通常不需要个别化指导	1	
	6. 会模仿教师或同伴正在进行的行为	1	
安全意识	1. 集体行动或外出时不乱跑脱队，或离开教师视线范围	2	一个学期观察下来，乐乐还不具备安全意识，教师虽然在个别化指导中多次复盘，但乐乐在很多活动环节尤其是户外活动时容易乱跑或离队，或者出现不恰当的行为，仍需教师使用大量的身体辅助和提醒，较难通过视觉或者手势辅助来管理自己的行为。
	2. 能判断什么是危险的事物并加以避免	1	
	3. 能安全地使用日常用品	2	

续表

观察项目	具体内容	评分	项目总体表现
情绪与社交游戏	1. 维持稳定的情绪，不随意发脾气	2	乐乐在幼儿园时较少出现主动与同伴社交互动的行为，需要教师在情境中示范或使用肢体和语言辅助，乐乐大部分属于辅助下的模仿，基础社交技能不精熟。遇到挫折困难或者自己不感兴趣的活动时，乐乐容易出现大叫或躺地板等情绪问题行为，或者经常会出现跑动大叫等干扰教学课堂的行为。
	2. 会用适当的方式表达自己的情绪	1	
	3. 知道如何保护自己和自己的东西	1	
	4. 很少干扰其他小朋友上课或游戏	2	
	5. 知道班上至少一半小朋友的名字	1	
	6. 会和几位小朋友一起玩	1	
	7. 主动和几位熟悉的小朋友互动	1	
	8. 有轮流和等待的耐性	2	
	9. 可与人合作完成工作或游戏	1	
	10. 会和人玩有规则的竞争性游戏	1	
	11. 可以和教师维持良好的互动关系	1	
个人自理	1. 会自己进食，并且维持干净	3	个人自理是乐乐的强项，但在班级中的部分生活常规需要教师反复提示。例如：进入教室换鞋需要提醒；吃完饭后用毛巾擦拭时，还不会一张一张拿；还不会自己收拾整理个人物品，并将其归类好；等等。
	2. 愿意尝试多种食物	3	
	3. 会自己穿／脱鞋袜	3	
	4. 会自己穿／脱衣裤	3	
	5. 会自己折叠或悬挂衣物	3	
	6. 主动表达如厕意愿，很少有意外发生	2	

续表

观察项目	具体内容	评分	项目总体表现
个人自理	7. 如厕后会整理衣着 / 擦拭	2	
	8. 会自己用卫生纸擤鼻涕	3	
	9. 会自己把手洗干净	3	
	10. 会自己刷牙	3	
	11. 午休时间会入眠或可安静休息	1	
	12. 收拾好自己的所有物品放在固定的地方	1	
	13. 口渴、累了或不舒服时会主动表达	1	
认知	1. 认识及理解园所中常见物品的名称或功能	2	乐乐能够认识常见的数字和图形，能够理解园所中部分物品的功能，但在一些对比概念或空间概念的理解上仍属于机械记忆，在自然情景中还不能对这些概念进行灵活理解和使用。
	2. 会指认故事书或海报中的图案	2	
	3. 认识三角形、圆形、正方形等常见形状	3	
	4. 认识至少三种不同的颜色	3	
	5. 有对比概念，如大小、长短、高矮、多少和轻重等	2	
	6. 会做实物或图卡的配对	4	
	7. 会做实物或图卡的分类	2	
	8. 理解上下、前后、里外等基本空间概念	2	

续表

观察项目	具体内容	评分	项目总体表现
认知	9. 会指认五个阿拉伯数字	4	
	10. 有数量 1 ～ 5 的概念（知道东西有几个）	3	
粗大动作与音乐律动	1. 会使用常见的游乐设施和运动器材	3	乐乐喜欢参与体能和音乐活动，喜欢玩各种游乐设施和器材，能积极参与这类活动，但需要教师提醒他安全恰当地使用。
	2. 肢体动作灵活，不会显得僵硬或常常跌倒	2	
	3. 愿意参与体能活动	3	
	4. 愿意参与音乐活动	3	
	5. 会哼唱简单的歌曲	3	
精细动作与美劳技能	1. 手眼协调动作灵活，会操作教室里大部分的玩具或教具	2	在个人工作的时候，乐乐能在引导下完成精细工作和美劳活动，在做这类工作时乐乐相对安静和专注，会模仿书写简单的图案和文字。
	2. 会画圆圈	3	
	3. 会画简单的图案（如苹果、房子、车子……）	2	
	4. 会在范围内着色	2	
	5. 会做一般图案或实物的粘贴工作	2	
	6. 会使用剪刀剪线段	2	
	7. 愿意参与美劳活动	2	

续表

观察项目	具体内容	评分	项目总体表现
沟通语言方面	1.理解教室中常用的简单指令(一步指令)	2	这个领域是乐乐的弱项。乐乐缺乏恰当提要求的技能，需要大人解读并辅助他简单表达，由于语言理解和表达能力受限，无法参与同伴间的交流讨论，也较难理解别人的语言指令，无法做出恰当反应，乐乐常常用情绪行为来表达自己的需求，也会出现干扰同伴和课堂的行为。在这方面需要教师大量的辅助和个别化指导。
	2. 理解较复杂的指令（两步以上指令）	2	
	3. 会用动作或表情来表达需求和想法	2	
	4. 会用适当语汇及完整句来表达需求和想法	1	
	5. 会主动用口语或非口语与人沟通（如询问、发表意见、请求协助、拒绝）	1	
	6. 会念学过的童谣	2	
	7. 会适当回应教师的问题	1	
	8. 和大人或小朋友能有来有往地对话、闲谈	1	
	9. 能让教师大致理解想表达的意思（动作表示亦可）	2	
	10. 能让教师听懂所说的话	2	
	11. 会专心听故事，并理解核心内容	1	
	12. 会参与团体讨论或讨论故事内容	1	
	13. 会简单叙述自己的经验	1	

续表

融合情况总体评价和建议： 本学期乐乐在幼儿园的融合中取得了一定的进步。在学习、社交和语言能力等方面，在幼儿园教师及融合教育康复指导师的支持和帮助下有所提升，乐乐逐渐展示出更积极、主动的参与意向和与他人的交流能力。然而，在融合过程中也存在较大的挑战和需要解决的问题。乐乐在学习方面遇到了一些困难，较难理解教学活动内容和班级常规，需要额外的支持和大量的个别化指导来帮助改善。另外，乐乐在情绪管理和社交技巧发展方面也需要大量个别化帮助和引导。我们通过访谈相关教师与同伴等方式与班级教师一起讨论了乐乐的融合情况，明确了继续融合的利弊，并就乐乐的需要和教师支持提供如下建议：1. 下学期以个别化的训练形式为主，对乐乐进行针对性的密集干预训练；2. 加强生活常规、语言理解、独立表达等领域的训练；3. 可以考虑选择适当的幼儿园融合，建议以 1 ： 1 的师生比例介入支持。

五、外部评价

通过家长日常反馈、定期线上沟通、家长满意度调查等方式，家长参与课程评价，为课程提供重要参考。通过与家长的沟通和交流，我们可以更全面地了解儿童在家中的表现，从而更好地指导家长如何在家中巩固和泛化相关技能。

例如，我们可以每月召开融合教育项目家长线上沟通会，议程包括总结回顾上月融合情况，明确家长本月在融合教育中的职责。总结回顾上月融合情况时，可以介绍融合小组教师的工作情况，请教师分别总结儿童的幼儿园适应情况和下午加课安排情况，请家长们积极发表个人建议。家长本月在融合教育中的职责主要包括支持儿童和参与儿童的教育。儿童需要被接受和尊重，家长需要支持和鼓励儿童。家长要帮助儿童树立自信心，不要让困难情况影响儿童的情绪；还可以通过游戏、亲子互动等方式促进儿童的社交能力和自尊心的发展。此外，家长要积极参与儿童的教育，尤其要参与与融合教育相关的活动。家长可以和教师一起制订个性化的教育计划，关注儿童的学习进展和行为表现，了解幼儿园和班级的融合教育政策和实践情况。

总之，在融合教育支持性课程的设计与实施过程中，对于学龄前孤独症儿童的评估是一项复杂而重要的任务。我们需要通过多元的观察评价、周期性的反馈和总结以及家长参与等方式，全面了解课程实施的效果和儿童的发展情况，为他们提供更有针对性的指导和支持。这样不仅能够确保融合教育的效果和质量，还能为课程的持续改进提供有力支持。

第四章

融合教育康复指导师的角色、职责及伦理道德

第一节
融合教育康复指导师的角色和职责

影子教师，也称为教学助理，专门帮助有特殊学习需求的儿童。在美国，他们被称为专业助手、学生帮助者或学生导师。在中国，影子教师的发展相对较晚，主要由家长驱动，聘请特教教师、普通教师或熟人担任，起初主要是陪伴儿童上学、管理行为、确保安全，但缺乏监督和系统培训。《融合教育实践指南——影子老师操作手册》将影子教师定义为教育助理，是家校合作的沟通者和支持者。他们需在合格督导的监督下，进入普通学校提供个别化教育支持，如协助班级教师向特殊需要儿童提供教学计划和其他任务，记录并报告学习进度。

《广西残疾儿童学前融合教育康复救助实施办法（试行）》指出，融合教育康复指导师在学龄前孤独症儿童的融合教育过程中起着至关重要的支持作用。他们不仅负责全面评估儿童的能力和需求，还负责制订康复计划，提供康复训练和干预支持，并与家长、教师和其他专业人员进行紧密合作。

一、全面评估，量身定制康复计划

融合教育康复指导师的首要任务是深入了解每个儿童的发展状况。通过面对面的交流、细致入微的观察，以及使用标准化或非标准化的评估工具，他们精确地评估儿童在社交、语言、认知和行为等方面的发展水平。这些评估结果为制订个体化的康复学习计划提供了依据，确保每个儿童都能得到针对性的支持和引导。

二、康复训练和干预，助力儿童发展

在康复学习计划的指导下，融合教育康复指导师为儿童提供了一系列康复训练和干预支持。他们运用社交技能训练，帮助儿童提高与他人互动和交流的能力；通过认知疗法，利用游戏、活动等方式锻炼儿童的注意力、记忆和解决问题的能力；同时，他们还关注儿童日常生活技能的培养，帮助儿童更好地适应学校和社会生活。这些干预措施的实施，有效地促进了儿童的全面发展。

三、紧密合作，构建支持网络

融合教育康复指导师的工作并不仅仅局限于与儿童的直接接触。他们积极与学校教师合作，共同制订个体化的融合教育计划，确保儿童在学校环境中得到充分的支持和关注。同时，他们还与家长和社会工作者保持密切沟通，共同构建支持网络，为家长提供培训机会，帮助家长更好地理解和支持儿童的康复过程。这种跨领域的合作，为儿童创造了一个更加包容和受支持的学习环境。

四、专业知识和技能，胜任角色要求

为了胜任这些角色和职责，融合教育康复指导师需要具备一系列专业知识和技能。他们需要学习和掌握康复科学知识，了解儿童发展心理学和康复策略。他们必须掌握评估和观察技能，能够使用规范化工具准确评估儿童的表现。此外，他们还需要掌握康复干预技巧，如使用社交故事和行为管理策略来帮助儿童改善社交互动。沟通和协作能力也是必不可少的，他们需要与儿童、家长和其他专业人员进行有效交流和合作。他们还需要具备综合评估和总结归纳的能力，能够记录康复数据并撰写专业报告，以便跟踪儿童的进步和调整康复计划。

五、沟通和反馈：建立信任与支持的合作关系

在融合教育环境中，有效的沟通和反馈机制不仅是建立和维护各方信任与支持的关键，更是推动学龄前孤独症儿童康复进程的重要动力。这涉及与班级教师、团队成员、家长等多方面的合作与互动。为确保多方融合的态度一致，沟通必须清晰、明确且持续。团队成员之间需要定期召开会议，分享儿童的发展状况、面临的挑战和取得的进步，讨论并调整康复计划。同时，与家长的沟通也至关重要。融合教育康复指导师应定期向家长提供康复报告和评估结果，详细汇报儿童的康复进展和挑战。这不仅有助于家长更好地了解孩子的康复情况，还能增强他们对康复指导师工作的信任和支持。

在与家长建立沟通机制时，融合教育康复指导师需要注意以下几点。

（1）建立信任。以真诚、耐心和尊重的态度对待每一位家长，让他们感受到自己的专业性。

（2）提供明确和清晰的信息。用简单易懂的语言向家长解释康复计划、进展和挑战，确保他们能够理解并做出相应的支持。

（3）倾听和尊重家长的反馈。鼓励家长分享他们的想法和感

受，认真倾听并尊重他们的意见，以便更好地满足他们的需求和期望。

（4）提供支持和资源。为家长提供必要的支持和资源，如培训、讲座或咨询等，帮助他们更好地理解和支持儿童的康复过程。

此外，为了确保团队合作任务的顺利执行，团队成员之间需要保持密切的沟通和协作。通过定期的会议和讨论，大家可以共同制订和调整康复计划，确保每个儿童都能得到最适合他们的关注和支持。

综上所述，通过有效的沟通和反馈机制以及团队成员之间的紧密合作，融合教育康复指导师可以与各方建立稳固的合作关系，共同促进学龄前孤独症儿童的康复和发展。

第二节
融合教育康复指导师伦理道德

作为一名融合教育康复指导师（以下简称“康复指导师”），在开展工作时，遵循伦理准则的重要性不言而喻。这些准则不仅为康复指导师提供了行为指南，还确保了学龄前孤独症儿童及其家庭在接受服务时得到尊重、公正和高质量的支持。

一、保密

保密，是康复指导师必须严格遵守的伦理准则之一。在与学龄前孤独症儿童及其家长进行交流和教育过程中，康复指导师需要确保个人信息的保密性。这些信息可能涉及儿童的家庭背景、健康状况、心理状况等，一旦泄露可能会对儿童的安全和隐私造成威胁。因此，康复指导师需要时刻保持警惕，确保在与学龄前孤独症儿童家庭进行个案讨论时，只在私人、安全的环境中分享信息，不将这些信息透露给未经许可的人。

二、尊重权利和尊严

康复指导师必须尊重学龄前孤独症儿童及其家长的权利和尊严，不可以歧视、虐待或剥夺他们的基本权利，确保公正、平等与无偏见的服务。康复指导师应以包容、尊重和理解的态度对待特殊需要儿童，不予以任何负面评价或歧视。同时，康复指导师还需要尊重家长的决策权，与他们建立良好的合作关系，共同为儿童的康复努力。

三、持续自我提升与专业成长

作为一名康复指导师，持续自我提升和专业成长是必不可少的。随着康复理念和技术的不断发展，康复指导师需要保持对最新研究成果和实践经验的了解。他们应积极参加专业培训、研讨会和学术交流活动，不断积累自己的专业知识，提升技能水平。同时，他们还应保持开放的心态，愿意尝试新的康复方法和策略。

持续学习与反思是康复指导师不断提高自己的关键途径。康复指导师应该保持学习的态度，不断反思自己的工作实践，审视工作实践是否符合伦理准则，并寻求改进和提高。这种持续学习和反思的态度有助于康复指导师不断提升自己的专业素养，并持续恪守伦理道德，为学龄前孤独症儿童及其家庭提供更优质的服务。

四、妥善处理利益冲突

在康复过程中，康复指导师可能会面临各种利益冲突的情况。在这种情况下，康复指导师应明确自己的职责和立场，确保自己的决策不受外部利益的影响，并采取适当的措施来避免这些利益冲突。

五、维护专业边界和职业道德

康复指导师需要明确和尊重自己的专业和个人边界，避免与学龄前孤独症儿童或其家长建立超出工作范围的非专业关系。例如，康复指导师应避免在社交媒体上与家长建立私人联系，以确保康复工作的专业性和客观性。同时，他们还应遵守职业道德规范，保持专业形象，避免任何可能损害专业形象和个人信誉的行为。

总之，作为一名康复指导师，遵循伦理准则是确保服务质量、保护当事人权益的关键所在。通过严格遵守以上准则，康复指导师能够为学龄前孤独症儿童及其家庭提供专业、负责任的服务。这些准则不仅为康复指导师提供了行为指南，还确保了康复指导工作的质量和可靠性，为学龄前孤独症儿童的康复之路保驾护航。

第三节
与幼儿园班级教师协同工作的策略

随着融合教育的不断推进，越来越多的学龄前孤独症儿童开始走进普通幼儿园，与同龄人一同学习和生活。在这一过程中，康复指导师的作用不可忽视。他们不仅需要具备专业的知识和技能，还需要与幼儿园班级教师紧密合作，共同为这些特殊需要儿童提供支持和帮助。为了确保融合工作的顺利进行，以下是关于康复指导师与幼儿园班级教师协同工作策略的几条建议。

一、深入了解幼儿园的文化与规范

在进入幼儿园之前，康复指导师应对其规章制度和教育方针进行全面了解。这不仅包括幼儿园的教育理念、教学模式和班级管理方式，还应涵盖其与家长、社区的合作方式等。通过深入了解，康复指导师可以更好地适应和融入幼儿园的工作环境，与班级教师形成默契，共同为学龄前孤独症儿童创造一个和谐、支持性的学习环境。

二、明确角色与职责，避免工作重复与冲突

在与幼儿园班级教师合作时，康复指导师应明确自己的角色和职责，确保与班级教师的工作是相互补充的而不会出现重复或冲突。双方可以共同协商并制订明确的合作计划，明确各自在融合工作中的职责范围，确保工作的顺利进行。

三、实施个别化教学，满足儿童个性化需求

学龄前孤独症儿童在康复过程中往往具有特殊的需求。康复指导师应与班级教师紧密合作，根据每个儿童的实际情况制订个别化教学计划。通过共同协商和讨论，确定适合儿童的康复目标，并制订相应的康复策略。在实施过程中，双方应共同监测和评估儿童的学习进展，及时调整教学计划，以满足儿童的个性化需求。

四、提供专业指导与培训，提升教师能力

康复指导师具备丰富的融合教育康复知识和实践经验。他们可以与班级教师分享这些经验和知识，为班级教师提供有效的康复指导和教学技巧培训。通过培训，帮助班级教师更好地理解和支持学龄前孤独症儿童的发展需求，提升他们的教育教学能力。

五、建立顺畅的沟通渠道，确保信息畅通

与班级教师建立良好的沟通渠道是确保融合工作顺利进行的关键。双方应定期安排会议或沟通时间，及时交流儿童的康复进展、遇到的困难和支持需求等信息。通过共同讨论和解决问题，

确保康复计划的顺利实施。

六、共同营造包容的班级环境，促进儿童融入

为了让学龄前孤独症儿童更好地融入班级环境，康复指导师应与班级教师合作，共同营造一个包容、支持所有儿童学习的班级氛围。通过倡导相互尊重、关爱和合作，帮助学生建立友善的人际关系，让学龄前孤独症儿童能够充分参与和融入班级活动。

七、建立家校合作关系，共同支持儿童发展

家庭是学龄前孤独症儿童康复过程中不可忽视的支持力量。康复指导师应与班级教师合作，与学龄前孤独症儿童的家长建立良好的家校合作关系。通过定期沟通、共同讨论和制订康复计划，让家长了解儿童在幼儿园的康复进展和需要注意的事项。同时，也可以邀请家长参与到融合教育中来，共同为儿童的全面发展提供支持。

综上所述，康复指导师与幼儿园班级教师的紧密合作对于学龄前孤独症儿童的康复和发展具有重要意义。通过深入了解幼儿园文化与规范、明确角色与职责、实施个别化教学、提供专业指

导与培训、建立顺畅的沟通渠道、共同营造包容的班级环境以及建立家校合作关系等策略，双方可以共同为学龄前孤独症儿童创造一个支持性、包容性的学习环境，促进他们的全面发展。

第五章 学龄前孤独症儿童融合教育所需要的生态系统支持

第一节
学龄前孤独症儿童融合支持体系的搭建

一、现阶段存在的问题

在开展学龄前融合教育的过程中，除了教师对孤独症儿童的专业支持，孤独症儿童家庭、融合幼儿园以及社会支持也对融合教育的成效产生重要影响。良好的家庭环境、幼儿园环境及社会环境会对孤独症儿童融合教育产生积极的促进作用。受到多种因素的影响，在对学龄前孤独症儿童融合教育的实践过程中，我们发现依然存在一些突出问题。

（一）家庭方面

首先，孤独症儿童家长一方面缺乏专业知识，另一方面存在过大的压力。当前的支持体系对孤独症儿童的关注和支持占主导，而对其家庭缺少重视和应有的关注。受教育水平、家庭经济等因素的影响，孤独症儿童父母在养育、教育等方面的认识不足，在教育培训方面获得的支持有限，迫切需要长期且持续的指导与帮助；有的家庭亲职压力较大，家长长期处于焦虑抑郁状态，对孤独症儿童的未来充满担忧，获得的减压疏导、心理咨询等支持仍不够。

其次，家园共育脱节。家园双方之间在协作育人方面存在割裂，部分家长对孤独症儿童过度溺爱或者不重视。有的家长可能会过度干预幼儿园教师和融合教育康复指导师的正常教学。一些孤独症儿童即使入园，也经常请假，导致融合进程断断续续，难以推进。家长与教师之间的沟通合作缺乏持续性、主动性、一致性，从而影响融合教育的效果。

（二）幼儿园方面

首先，幼儿园融合理念不强，孤独症儿童难以融入。有些幼儿园对于融合的概念认识不足，将融合教育简单理解为接纳进园，实则幼儿园没有健全的融合教育制度和实质的支持手段；整体教学和活动设计未重视孤独症儿童的特殊需求，导致孤独症儿童在实际融入和参与过程中困难重重。

其次，幼儿园教师对于孤独症儿童了解不够，专业素养不足。幼儿园开展融合教育实践所需资金、师资等资源紧缺，教师培养体系不够完善，培训学习缺乏，教师对孤独症儿童的障碍特点不够了解，融合教育方面的知识、技能普遍不足。

再次，幼儿园环境欠佳，孤独症儿童不易适应。幼儿园通用设施和个别化支持不足，使得孤独症儿童在入园后不能很好适应幼儿园的一日活动流程。又因个体需要不能被满足而产生情绪及问题行为，影响融合程度和质量，甚至影响到幼儿园正常班级秩序。

最后，康复机构与幼儿园协同不足，未充分发挥资源中心的职能作用。普通教育和特殊教育系统之间阻隔深，交集浅，二者在运行、管理等方面存在不同的规范化和要求。因沟通及合作不够深入，康复机构资源中心的带动作用受到限制，康复机构仅关注融合的个案，对幼儿园教师的专业支持过少，对幼儿园其他教师开展的融合方面的专业指导程度较浅，且辐射面不够广。

（三）社会方面

首先，社会大众对孤独症儿童认识接纳不足，存在误解和排斥。长期以来，受传统观念的影响，特殊需要儿童往往处于“边缘”的困境，被区别对待，甚至被幼儿园拒之门外。一提起孤独症，很多人想到的都是“天才”、记忆力超群、情绪行为失控、孤僻、抑郁或异类等错误的刻板印象。由于并未深入了解或走进孤独症群体，大众对孤独症儿童存在较多的误解，甚至给他们打上不受欢迎的负面标签。

其次，政策、法律保障不够，融合相关制度缺乏。学龄前融合教育尚处于探索阶段，制度化建设面临多重困境，相关角色定位和主体责任还未明晰。《中华人民共和国残疾人保障法》和《中华人民共和国残疾人教育条例》的相关规定，为残疾儿童的受教育权提供了保障，但是目前尚未针对学龄前孤独症儿童融合教育进行专门立法，关于学龄前孤独症儿童融合教育方面的规定较为宏观，不够具体。

二、融合支持体系的搭建

目前学龄前孤独症儿童融合教育存在的问题主要集中在家长、幼儿园及社会层面，同样地，解决策略也可以从这几方面主体入手。中国精神残疾人及亲友协会全面调查显示，家长需求包括社会和社区支持、社会保障、康复教育、儿童托养安置、专业培训等[①]。融合教育的高质量发展离不开全面支持体系的建设，为了利于学龄前孤独症儿童融合教育的落实，应根据孤独症儿童及其家庭的实际需求从多方面给予充分支持。

---

① 张新新．发展障碍学生家庭的需求与学校支持研究：家长和教师的视角比较［D］．上海：华东师范大学，2017.

根据布朗芬布伦纳的生态系统理论，生态环境分为小系统、中间系统、外系统和大系统四个种类的生态系统（生态环境内容在《学龄前孤独症儿童融合教育模式》一书中有详细介绍）。具体到孤独症儿童而言，其主要生活环境及社会环境从小系统到大系统依次有家庭、学校和社会三个层次。以上存在的问题也可归纳在这三个层次中。因此，对于孤独症儿童融合教育的支持可以分为家庭、幼儿园和社会三大方面，以组成完整的外部支持系统。在融合教育背景下，学龄前孤独症儿童支持系统的每个层级之间也呈现出多主体、相互联结的网状结构特点，如图 5-1 所示。

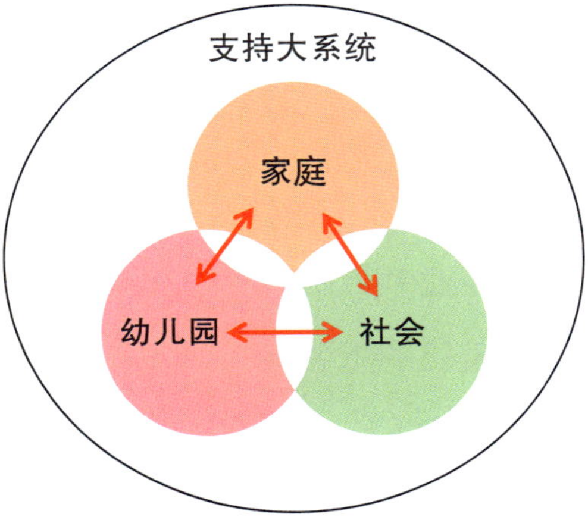

图 5-1　孤独症儿童生态系统支持图

第二节
家庭支持

家庭是儿童发展的重要场所，在融合教育推进过程中扮演着重要的角色，直接影响孤独症儿童发展情况和康复成效。《国务院关于印发“十四五”残疾人保障和发展规划的通知》强调了“为残疾人家庭提供临时照护‘喘息服务’①、心理辅导和康复、教育等专业指导”。孤独症儿童家长在长期照顾和教育孤独症儿童的过程中，专业技能缺乏，信息渠道有限，同时在经济、社交、心理等方面承受着巨大的压力和负担。充分调动各种社会资源为孤独症儿童家庭提供支持是帮助家长坚定康复信心、形成康复合力的有效途径。随着特殊需要儿童康复教育事业的不断发展及孤独症儿童家庭支持需求的不断攀升，为孤独症儿童家庭提供帮助和支持逐渐成为融合教育专业领域的共识。父母及家人的参与和支持是孤独症儿童干预和康复的重要环节，因此家庭提供的支持至关重要。

---

① 喘息服务是指短期的、以照顾特殊需要儿童及家庭为宗旨的服务。

一、孤独症儿童家庭支持的内容

家庭支持指的是家庭从专业人员、家人、亲友等获得的专业或非专业的情感、物质、信息、实体及经济援助①。即以家庭为支持对象，根据其需求，各支持主体提供相关资源和服务，帮助家庭缓解压力，提高家庭的应对能力。家庭从外界获得的支持包括喘息服务、专业支持、情感疏导和经济支持等②，具体又体现为心理支持、照护支持、专业支持、信息支持等内容。

（一）心理支持

孤独症儿童家庭往往需要承受来自养育、经济、生活、交往等方面的压力，当家长面对这些压力难以调整和释放时，往往会被负面情绪影响，进而影响家庭康复教育的氛围和行动以及儿童融合教育的效果。

心理支持可以由社区、医院、康复机构和幼儿园等主体提供，通过配备专业心理咨询人员，为家庭提供专业、系统、持续的心

---

① 雷显梅.关于自闭症个体家庭支持的几点思考[J].乐山师范学院学报，2017，32（10）：133-140.

② 中国精神残疾人及亲友协会.中国孤独症家庭需求蓝皮书[M].北京：华夏出版社，2014：75-76.

理安抚和咨询服务，关心家长自身心理状态和身体健康，并提供相应的帮助。此外，这些机构还能帮助家长分析压力来源，给予心理支持，学习有效沟通等自我调节方式并形成积极态度，为孤独症儿童营造积极能量场。

同时，鼓励家长主动寻求来自亲友、教师、其他家长的支持，在不同心理阶段共同渡过难关。家庭成员之间须共同面对和解决问题，互相分担责任。家庭之间可以组成互助团体，形成自己的资源网络，由一些受训经验更丰富的家庭为有需要的家庭提供专业知识、情感疏导、信息咨询等方面的支持。家庭之间可以共同探讨育儿经验，沟通交流，释放不良情绪，共同受益，互助进步。

（二）照护支持

一般由高校或社会志愿者组成爱心团队来到康复机构或学校中承担一定的临时照护服务。多种形式的“喘息服务”，能为特殊需要儿童及其家庭提供照护支持。有的“喘息服务”会通过购买服务的形式由社工、教师等专业人员为孤独症儿童家庭提供半天至一天的“喘息服务”，以便家长得到适当的休息。相关政府机构将孤独症儿童照护服务列入康复救助范围内，为家长提供“喘息减压服务”，以达到继续坚持康复的目的。定点机构可开设孤独症儿童照护课程，利用休息日组织教师、护理人员等提供安全照护服务，促进孤独症儿童融合教育发展。

（三）专业支持

专业支持是根据孤独症儿童的不同需求，由融合教育康复指导师及康复服务团队针对孤独症儿童家庭提供的专业帮助，以提高家长康复技能。专业支持有利于孤独症儿童家长转变康复教育理念，提高应对能力。指导团队由医生、心理治疗师、康复治疗师、教师等专业人员组成。专业支持的内容主要围绕孤独症儿童家庭康复需求给予针对性指导，具体可以通过科普宣教、示范咨询等方式，鼓励父母和家人学习孤独症相关知识和家庭干预方法，主要包括对孤独症儿童行为的理解、接纳、包容、尊重和关爱；对孤独症儿童的情绪和行为问题，通过养育过程中的陪伴互动、生活照护和游戏玩耍，以快乐、适度和巧妙的方式，进行家庭干预；关注儿童的成长表现，发现儿童的特殊兴趣和个人能力，进行相应的培养和转化[1]等。

---

① 摘自《国家卫生健康委办公厅关于印发0～6岁儿童孤独症筛查干预服务规范（试行）的通知》（国卫办妇幼发〔2022〕12号）。

（四）信息支持

孤独症儿童家庭，尤其是新手孤独症儿童家庭可能会存在信息闭塞的问题。康复机构以及融合幼儿园可以充当资源提供者和链接者的角色，立足孤独症儿童家庭的需求，汇总各地的残联、民政、医疗、教育等部门的信息资源，通过进社区宣传、义诊、公益讲座等形式宣传相关康复救助政策、医疗保障报销、社会救助制度等内容，提供康复咨询、政策宣讲、教育安置等信息，让家长了解可获得的救助或医保报销途径、金额等内容。必要的话，也可帮助联系相关单位办理手续。

除此之外，康复机构和幼儿园也可以积极向外寻求相关社工组织、基金会的协助。由社工组织为孤独症儿童家庭筹措社会资源，提供资讯、资源链接等方面的信息服务，对机构的专业支持提供补充和协助。

二、孤独症儿童家庭支持的形式

孤独症儿童的家庭支持形式多样，可以以小组支持、“一对一”支持等形式开展，以满足家庭的不同需求。针对群体共性问题可以采用小组支持，对于有个别支持需求的个案可以采用更有针对性的“一对一”支持，既可以线下进行，也可以线上远程支持。

第三节
幼儿园支持

融合教育不只是“随班就读”，还要帮助孤独症儿童达到普通环境预定的要求或正常儿童的教育标准，这对教育的深化改革提出了更大的挑战。幼儿园是开展融合教育的重要场所，每一个接纳孤独症儿童的幼儿园都应该从软件和硬件上提供融合支持，满足孤独症儿童的需求。为了给学龄前孤独症儿童提供高质量的融合环境，幼儿园在硬件、软件上都要做出适宜的调整，从幼儿园管理、教学组织等方面形成包容、多元的融合教育支持体系。

幼儿园中的融合可以概括为六个层面，分别是物理空间的融合、名称的融合、管理的融合、社会性的融合、课程的融合和心理的融合[①]。

---

① 邓猛．融合教育与随班就读：理想与现实之间［M］．武汉：华中师范大学出版社，2009：265.

一、物理空间的融合

（一）物理空间的设计理念

在孤独症儿童中，有大部分存在个体感觉异常，这些异常可能会导致孤独症儿童对普通儿童习以为常的环境感觉到混乱甚至畏惧，进而引发问题行为或退缩反应，从而阻碍其正常的交往及学习。因此，在实施融合教育的过程中，要设计一个包容、支持的学习环境，实现孤独症儿童融合物理空间的无障碍，以促进孤独症儿童心理行为发展和潜能发挥。物理环境空间的设计，不仅要考虑孤独症儿童本身的需求，也要提供一定的机会来锻炼孤独症儿童处理环境变化和接受、适应外在因素的能力。基于这一理念，物理环境的融合体现在两个方面：一方面，环境的设计要根据孤独症儿童的特点，在环境中提供充足的辅助和支持，尤其是视觉线索的支持；另一方面，要依照“最近发展区”的原理，在环境中引入适当的刺激以及变化，帮助孤独症儿童适应变化，提升学习能力，以便更好地发展。

（二）物理空间的设计要点

研究表明，孤独症儿童偏爱熟悉和可预期的环境，并且受益于环境中的视觉线索，在设计康复环境时需要提供支持性的学习环境。灯光、声音、色调足以使孤独症儿童放松和静下来学习；给孤独症儿童预留足够的个人空间，让他们能够在有需求的时候可以找到一个让自己感到舒适并能减轻压力的地方。此外，学习环境中也可以专设一些满足孤独症儿童特殊兴趣的区域，如图 5-2 所示。

图 5-2　某幼儿园外部场地环境

物理环境的无障碍建设既包括幼儿园建筑和设施，也包括教室空间与设施。其中教室空间与设施包括教室外观和空间运用、座位安排和环境布置三方面[①]。幼儿园中的建筑和设施调整主要指方便孤独症儿童在幼儿园中活动的设计，如安全边界及指引标志。此外，幼儿园及教室中的空间及区角规划、功能室设计都应该考虑孤独症儿童的学习特点和个人需求，如表 5-1 所示。利用孤独症儿童视觉学习优势的特点，提供结构化且多样化的环境，帮助孤独症儿童清楚教室功能分区。座位的安排尽量避免孤独症儿童被其他环境、事物所影响，降低环境中产生的听觉、视觉等刺激。

表 5-1 孤独症儿童物理空间区域设计要点及设计要素

物理空间		设计要点	设计要素
幼儿园建筑和设施	外观及环境	环境安全	环境及设施设备安全，有安全边界，防止儿童迷失或走失
		视觉引导	提供视觉提示线索
		外观设计	颜色柔和，色彩搭配支持空间需求

① 邓猛．融合教育实践指南［M］．北京：北京大学出版社，2016.

续表

物理空间		设计要点	设计要素
教室空间与设施	教室外观和空间运用	合理规划	空间规划合理，功能分区比例恰当，大小比例合适，区域界限清晰
		视觉引导	提供视觉提示线索或标识
		教室装饰	装饰简单，减少细节及变化，降低感觉刺激
		可调整性	教室可以调整,以适应不同的教学方法，满足不同的功能需求
	座位安排	个人日程	提供个人日程安排表
		个人空间	预留撤回空间，或作为个别化教育空间
		舒适的学习刺激	提供适宜的刺激，促进儿童学习与发展
	环境布置	安全设计	环境有安全防护措施，有安全边界
		环境布局	布局简单有序，区域划分清晰，有视觉提示
		物理环境	通风、采光良好，避免噪声、视觉刺激干扰

为更好地实现融合，幼儿园内还应设置资源教室。资源教室是集课程、教材、图书、学教具、康复器材等于一体的专用功能教室。资源教室能够为孤独症儿童提供教学支持、康复训练、个案资料管理、心理咨询、个别化教育计划等服务，也为幼儿园教

师和融合教育康复指导师提供专业发展空间，为家长提供心理咨询、支持。2016 年，教育部办公厅印发的《普通学校特殊教育资源教室建设指南》指出，资源教室应设置办公接待区、学习训练区、资源评估区等基本区域，配备适当资源教师，以保障资源教室能正常发挥作用（如图 5-3 所示）。

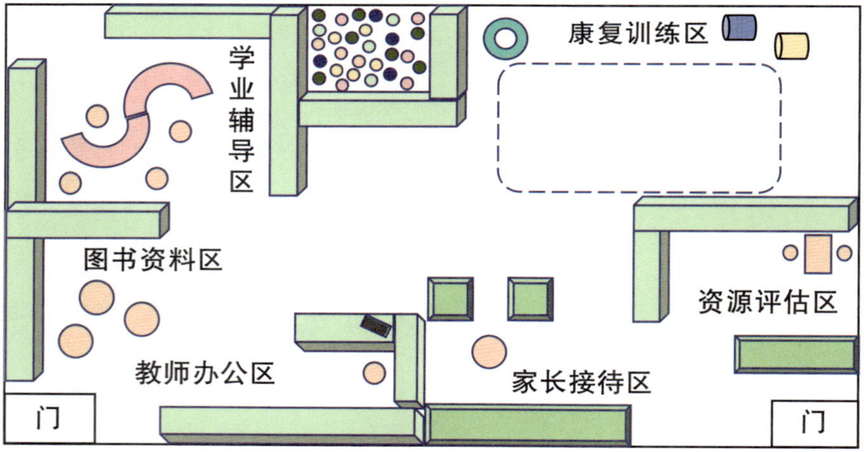

图 5-3　资源教室分区示意图

资源教室要在尊重个体差异的基础上，满足孤独症儿童多样化的需求。除与普通班级共享的教学资源外，资源教室还应提供包括各类评估系统、感觉统合训练、图书音像等资料和设备器材

（如表 5-2 所示）。资源教室的空间规划应富有弹性，大型器材靠边放，内部空间布局可调整，整体通风、采光好、出入方便；所有器材的摆放位置充分考虑动线的流畅性，器材、设备用软料包边以保障安全性。

表 5-2　特殊教育资源教室各区域专业设备配置表

区域	专业设备配置
办公接待区	办公桌椅、电脑、档案柜、相关专业书籍等
学习训练区	儿童读物、卡片等玩教具，平衡旋转器、手摇旋转盘、平衡板、平衡步道、圆形跳床、钻滚筒、彩虹伞、羊角球等感统训练器材
资源评估区	沙盘套装、情绪宣泄器材等心理教具，以及各类心理、生理评估工具包及工具

二、名称的融合

名称的融合指的是在幼儿园中，所有的教师、普通儿童和家长都不给孤独症儿童贴任何标签，尤其是有歧视的标签，不起外号。这要求幼儿园教师及融合教育康复指导师抓住每一个适合科普及教育的机会，为普通儿童和家长做出表率和正确的引导。

三、管理的融合

管理的融合即幼儿园中普通儿童与孤独症儿童在组织管理、教学等方面不再有壁垒。这需要幼儿园管理人员、教师及康复服务机构在管理上充分借鉴并融汇。

首先，幼儿园的管理和行政层人员应为学龄前孤独症儿童融合教育的开展做好协调准备，将学龄前融合教育作为高质量学龄前教育发展的关键，从上到下明确好角色与职责，拟定发展规划，形成支持合力。每学年或学期初做好对孤独症儿童开展融合教育的筹备工作，从教学管理、组织评价等方面细化工作安排，抓好落实关键点。幼儿园在正式接纳孤独症儿童之前，除管理层应做好全面融合规划外，还应做好幼儿园中教师、学生和家长的思想工作，引导大家全面接纳孤独症儿童。

其次，幼儿园应采用合作协调的模式对不同的个案做出个体化的融合决策。成员可以由幼儿园教师、康复机构的融合教育康复指导师、医生、康复治疗师、特殊教育教师组成。各成员密切关注孤独症儿童在园表现情况，讨论形成个别化融合教育计划，并根据孤独症儿童当下实际需求及时做出调整。

最后，寻求专业康复机构的合作与指导，强化教师的融合教育观念和专业能力，为融合实施提供保障。可以邀请康复机构内医生、康复教育专家以通识教育或专题培训的形式整体提升教师对融合教育的认识，帮助教师正确认识孤独症，掌握有效的教学策略、问题行为处理方式等，用正确的方法帮助孤独症儿童。

四、社会性的融合

（一）营造融合氛围

融合教育不仅仅是接纳孤独症儿童进入班级，还体现为让其平等享有和其他儿童一样的权利。融合教育最初的目的就是促进孤独症儿童与普通儿童之间建立高质量的人际关系，在此基础上提高孤独症儿童与普通儿童的人际交往能力和社会适应能力。

在国际上，特殊需要儿童和普通儿童在班级中的社会互动和社会关系，是融合教育的关键问题，也是检验融合教育成效的关键指标。幼儿园中的融合教育是件双赢的事情，打造融合氛围的主体包括幼儿园的全体师生和家长。融合调整后，普通儿童能在与孤独症儿童的相处中慢慢学会理解他人，培养和发展关怀和共情能力，积累适应多元社会的经验。无论是哪类儿童，都能在融合教育的过程中获益，双方都获得了社会性发展。

如果仅仅处在同一物理空间，不做任何调整与改变，那么普通儿童与孤独症儿童往往不会有太多主动且自然的社交互动，因此良好的融合氛围的营造离不开教师的正确指引。当孤独症儿童出现发出怪声、摇晃手指、课上乱跑等行为时，有可能影响班级课堂秩序和他们与伙伴的关系，这时就需要幼儿园提供一个温暖、理解、鼓励的环境，使孤独症儿童与周围环境、伙伴产生正向的互动。幼儿园教师可以引导学生与孤独症儿童建立友谊，引导其他学生了解孤独症儿童的性格特质、行为表现等各方面情况。例如，教师可以通过班级体验活动，让大家说出自己喜欢用什么方式打招呼，促进对彼此的了解。教师还可以选择让孤独症儿童成为其他同学的协助伙伴或学习搭档，教会孤独症儿童的同伴以口语或动作提示、示范等方式与孤独症儿童沟通分享，发展友谊。

在班级环境的文化布置中，也需要做出一些调整，例如明晰个人行动步骤，在墙上粘贴情绪控制的提示图等，为孤独症儿童提供更多视觉提示，如图 5-4、图 5-5 所示。

（二）搭建家校沟通平台

家长的融合教育观念会对融合教育的效果产生潜移默化的影响。幼儿园、康复机构等为孤独症儿童家庭提供专业的养育、教

目标	教具
1. 实物和黑白图片配对	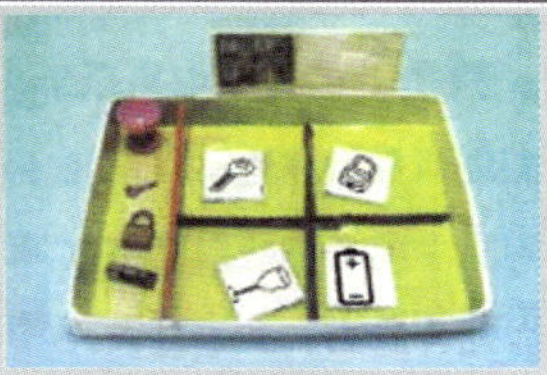
2. 理解 5 种常用物品的功能	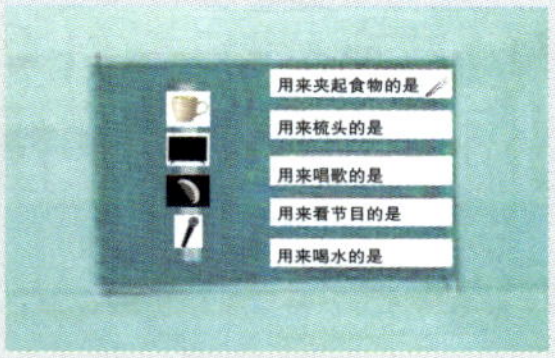
3. 用前三指抓握物品并放入指定位置	
4. 能双手配合拼接粘贴型水果模型	

图 5-4　个人行动步骤示例

图 5-5　提示孤独症儿童保持安静的图标

育指导，使用家园联系沟通本记录表现和反馈，为孤独症儿童家长呈现更为清晰的康复教育内容、方法和手段。通过举办开放日、亲子活动等形式充分调动家长参与融合教育活动的积极性，引导家长注重学龄前孤独症儿童的全面发展。不断团结、带动更多普通儿童家长积极参与到融合教育的行动中，鼓励普通儿童家长关心、帮助孤独症儿童家庭。以上措施均可以增进孤独症儿童及普通儿童家庭与幼儿园之间的沟通互动，对融合教育产生良性影响。

五、课程的融合

对于融合环境下的孤独症儿童，需要进行差异教学。所谓差异教学，就是在设计教学内容及活动时，考虑到孤独症儿童及普通儿童的不同需求，有针对性地做出调整。

（一）活动目标、内容和材料的调整

1. 活动目标的调整

活动目标直接决定了活动内容的设计和活动材料的选择。融合环境中的活动目标调整，需要充分考虑孤独症儿童个别化融合教育计划中的短期目标和长期目标，遵循“最近发展区”原则，合理设计孤独症儿童的活动目标，让孤独症儿童尝试比原有能力

水平稍难一点的发展任务。

2. 活动内容的调整

根据活动目标，在活动内容方面需要使用分层教学模式来开展活动。分层教学模式是指教师根据儿童现有的知识、能力水平和潜力，把儿童科学地分成几组水平相近的群体并区别对待，以便孤独症儿童群体在教师恰当的分层策略中得到最好的发展和提升。如果孤独症儿童的特殊需要仍未得到满足，就需要通过充实活动内容的方法来满足，可采取补充添加等方式充实活动内容或增加支持性策略，适当增设补偿性或功能性课程，例如，个别化的情绪、行为、沟通训练。需要注意的是，这些增设的课程需要由专业教师来完成。

3. 活动材料的调整

部分孤独症儿童具有某种感官上的偏好、兴趣爱好，但在社交、沟通或学习能力等方面有所欠缺，因此，在活动材料的调整上要提供多感官课程素材，以契合孤独症儿童个人爱好、学习特质及学习阶段。例如，在进行连续性的活动时，给有视觉学习优势的孤独症儿童提供标识明显的操作步骤图；在角色扮演活动中，让孤独症儿童扮演喜欢的角色；在手工活动中，给手功能较弱的孤独症儿童提供方便抓握的辅助剪刀以及较为简单的图形。总之，应根据孤独症儿童的个人情况选择不同的学习材料，照顾其不同的特质。

（二）开发园本课程

园本课程是幼儿园对传统课程体系的补充和扩展，旨在根据孤独症儿童融合教育的实际情况，开发适合他们的园本教材，并建立一个符合孤独症儿童发展需求的特色学前融合教育课程体系。例如，设置社交游戏课程，为普通儿童与孤独症儿童的社交互动创造机会，教会孤独症儿童常用社交礼仪和策略；设置生活自理技能竞赛，让孤独症儿童在普通儿童的带动下参与活动，同时通过练习和竞赛中巩固已习得的技能。

六、心理的融合

心理的融合指的是所有教师和学生都能够理解、尊重孤独症儿童的特别之处，接纳孤独症儿童的个别差异。理念影响行为，心理的融合体现在多个方面，是最高层次的融合。

融合教育不是融合教育康复指导师个人的职责，而是需要幼儿园的所有教职员工共同参与，融合教育康复指导师的职责更多在于协调和支持。教师、普通儿童甚至家长的融合观念及态度会影响融合支持的具体行动。全体教职员工须共同认同自己的责任，营造一个适合且满足孤独症儿童融合需求的环境，并在融合的过程中给予积极的支持，达到真正意义上的心理融合。实践经验表明，幼儿园教师在融合过程中发挥的作用是十分巨大的，具备积极融合态度的教师能够帮助普通儿童和孤独症儿童进行深入而系统的互动，使二者共同受益，当然这也需要教师具备一定的特殊教育专业素养。

第四节
社会支持

一、构建社区支持系统

融合教育的最终目的是使孤独症儿童回归社会，充分融入和参与社会生活。社区是学龄前孤独症儿童日常活动的主要范围，同时也是进行社会融合的关键阵地。在孤独症儿童及家庭主动向外参与社会生活的同时，社区也应当主动接纳孤独症儿童并积极创造融合的条件及氛围。

作为社会支持的有力支撑，社区支持包括资源、文化、教育、康复四个方面的内容[①]，具有经济、政治、教育、卫生、社会管理、整合、娱乐等功能[②]。社区是社会的微小缩影，为居民提供医疗、教育、生活等方面的资源。同样，社区也可以提供如超市购物、医院就诊、体育运动等在内的融合体验，让孤独症儿童与不同年龄段、不同职业背景各色各样的社区成员接触，发展社交能力，泛化生活技能，为下一阶段的融合做好准备。

1. 社区资源内涵

社区支持是家庭支持和学校支持的辅助和补充，包括有形和无形的资源。有形的资源多指公园、医院、超市、农贸市场、活动中心等与儿童产生社会联系的场所或设施，这些都可以作为孤独症儿童开展社区融合的有利阵地，可以为孤独症儿童环境教育和生态教育提供鲜活例子与材料，有利于孤独症儿童发展实践、文化活动等方面的能力。例如，为社区中的图书室、活动室等公

---

① 邓猛．融合教育理论指南［M］．北京：北京大学出版社，2017：208−212.

② 赵德华．社区与社区功能的探析［J］．中南民族大学学报（人文社会科学版），2017（S1）：39−41.

共服务阵地提供更多元的服务，为不同年龄阶段的普通儿童和孤独症儿童提供可供选择的阅读材料。

无形的社会资源多指人力资源，人力资源包括行政组织、学生家长、专家学者、企业及社会组织人士、退休人员及志愿者等，分别在协调社会力量、参与及构建融合文化、深入研究和指导、提供喘息服务等方面做出贡献。

2. 构建社区支持网络

为孤独症儿童构建社区支持网络，需要搭建起服务、互助和支援框架，以社区为平台、社会组织为载体、社区工作者为支撑、社区志愿者为依托、社会资源为助推提供全方位服务。

首先，在社区内动员孤独症儿童家庭、亲友、邻里和志愿者构成一级服务网络，亲友提供力所能及的财力、物力支持和更多情绪支持，邻里及社区志愿者组成关爱小组与孤独症儿童家庭结对子，为孤独症儿童及其家庭提供“一站式”、全方位的关心关爱服务，让孤独症儿童及其家庭获得归属感与认同感。

其次，进一步团结社区中的其他孤独症儿童或者爱心家庭，组建互助小组，形成二级互助网络，密切有共同难题、相同处境的群体间的联系。在社区中加强融合宣传，联动更多资源，积极关注有特殊需要的人群，让社区成员与孤独症儿童及其家庭建立持续性的正向联结，打造守望相助的“关怀社区”。

最后，也是最关键的一点，充分发挥街道办、社区居委会、辖区卫生服务中心及其他社会组织的力量，整合社区中的有利资源，建立支持热线或设置服务站点，完善支援网络。通过上门探访、慰问等形式及时了解特殊需要儿童及其家庭的需求。加强与专业服务机构的合作，为辖区孤独症儿童及其家庭提供更多的康复干预服务选择，减轻家庭的压力和负担。

二、加强法律政策支持

在社区康复的政策方面，《残疾人权利公约》指出，“残疾人享有在社区生活中的平等权利以及与其他人同等的选择，并应当采取有效和适当的措施，以便残疾人充分享有这项权利以及充分融入和参与社区”，“残疾人获得各种居家、住所和其他社区支助服务，包括必要的个人援助，以便在社区生活和融入社区，避免同社区隔绝和隔离；残疾人可以在平等基础上享用为公众提供的社区服务和设施，并确保这些服务和设施符合他们的需要”。《中华人民共和国残疾人保障法》明确“地方各级人民政府和有关部门，应当组织和指导城乡社区服务组织、医疗预防保健机构、残疾人组织、残疾人家庭和其他社会力量，开展社区康复工作”。由此可见，社区支持对融合教育的推进起到非常重要的作用，但目前针对学龄前孤独症儿童的具体的社区支持性政策条例却非常缺乏。

在融合教育的政策方面，随着融合教育的长足发展，虽然已有相关文件政策的支撑，但还缺乏关于特殊教育的专门法律，实际实行学龄前融合教育仍然遇到许多困难，仍有孤独症儿童被幼儿园拒之门外[①]。法律和政策的支持和保障是推进学龄前融合教育的关键，与发达国家和地区相比，我国还没有专项的特殊教育法。自 2022 年教育部等部门出台《“十四五”特殊教育发展提升行动计划》后，全国各省区市陆续发布关于“十四五”特殊教育发展提升的行动方案，从各个方面规定了学龄前融合教育的相关实施举措，强调教育公平，并大力发展特殊教育。孤独症儿童的社会支持涉及残联、民政、教育、卫生等多个主体部门，政府及相关部门应加强对整体和地域性情况的调查，出台更有针对性、操作性强的支持政策，落实各主体责任，继续完善孤独症儿童，特别

① 宋国语，王雁，张琪瑶．我国残疾儿童学前教育相关政策分析［J］．残疾人研究，2021（1）：70-78.

是学龄前阶段孤独症儿童融合教育的法律政策保障体系。

三、增强社会其他支持

融合教育的高质量开展，离不开社会的有力支持。融合教育背景下的残疾学生的社会支持是为了向融入班级的残疾学生提供的各种资料和资源，社会支持的主体包括政府部门、福利机构、社区组织等[①]。社会支持对特殊需要儿童家庭照顾者的教养态度、亲子互动风格、对子女的期待等方面都产生显著的影响，在一定程度上缓解了家庭照顾者的照顾负担，有助于特殊需要儿童及其家庭照顾者的身心健康。研究表明，获得社会支持越多的父母，感知的照顾负担越小，对负荷采取更多积极的应对方式，身心健康情况也会更好。家庭收入支持是社会支持的一种。家庭收入支持分为学费支持、残疾婴幼儿养育支持、养育补贴等，也分为直接家庭支持和间接家庭支持。直接家庭支持包括残疾人活动支持、家庭医药支持、父母心理咨询支持。间接家庭支持包括收入支持（残疾儿童补贴、子女学费支持、婴幼儿养育支持、养育补贴、租

① 马洪路．残障社会工作［M］．北京：高等教育出版社，2007.

税、保险费)、医疗康复支持（医疗费、发育康复、言语发育）[①]。

孤独症儿童康复是一个漫长的过程，长期且持续的康复干预给家庭带来了巨大的经济负担，甚至不得不放弃儿童的康复训练。康复机构及幼儿园，可以充分发挥社会力量，联合社会工作机构、慈善机构、志愿者团体等组织机构通过合法途径募集善款、物资、服务等形式，缓解孤独症儿童家庭的经济负担。同时，为孤独症儿童及其家庭争取残疾儿童康复救助、医疗救助等社会救助。自2018年10月1日起，我国残疾儿童康复救助制度已全面实施，并将0～6岁的残疾与孤独症儿童纳为救助对象。

四、重视融合环境支持

环境支持包括物理环境支持和心理环境支持。物理环境支持指在全社会创设融合的环境和文化，将融合文化融入社区服务体系中，开展融合通识教育，加强无障碍信息服务，促进建设孤独症友好学校、孤独症友好社区、孤独症友好城市。心理环境的支持则包括建设平等接纳的共融文化，加强学龄前融合教育知识宣

① 金炳彻．韩国残疾儿童家庭支持体制研究［J］．残疾人研究，2015（4）：68-74.

传和普及工作力度，从心理上促进普通教育学生和特殊教育学生更加有效融合，促进融合教育质量提升。

当前社会支持总量不足、内容和渠道单一，使得孤独症儿童及其家庭依旧处在较为被动的情境中。目前，越来越多的社会媒体关注到孤独症群体，通过纪录片、短视频、新闻报道等形式为孤独症儿童发声，为他们的社会参与和融合创造机会，进一步科普了孤独症相关知识，使大众对孤独症发病机制、治疗手段等方面内容有一定了解，减少了社会偏见和污名化现象。为了创造更好的融合环境，仍需要团结更多层面的力量，形成支持合力，让学龄前孤独症儿童获得平等教育权、社会参与权，实现高质量融合。

学龄前孤独症儿童融合教育支持性课程的设计，应为学龄前孤独症儿童提供融合教育支持，通过多种教学方法和策略，帮助他们提高社交技能、沟通能力、认知能力和自理能力，以便更好地适应幼儿园和小学的学习和生活。

在课程中，要注重培养儿童的社交互动能力，通过小组活动、角色扮演、合作游戏等方式，儿童学会与他人交往、分享、合作和解决问题。同时，也要注重提高儿童的沟通能力，通过语言训练、图片交流、手势表达等方式，儿童学会表达自己的需求、想法和感受。

在实际教学中，还应注重提高儿童的认知能力和自理能力，通过认知训练、生活技能训练等方式，儿童学会认识颜色、形状、数字等基本概念，掌握穿衣、吃饭、洗手等生活技能。

希望通过学习优质的支持性课程，学龄前孤独症儿童在社交技能、沟通能力、认知能力和自理能力等方面都能得到显著的提高，为他们更好地适应幼儿园和小学的学习和生活打下坚实的基础。同时，也希望通过本课程的推广和应用，能够为更多的学龄前孤独症儿童提供优质的融合教育支持，让他们能够在充满关爱和支持的环境中茁壮成长。

参考文献

[1] 王段霞，梁巍，陈溪，等．学前适宜支持性融合教育课程的建构 [J]. 中国听力语言康复科学杂志，2023，21（6）：579－583.

[2] 孙颖，杜媛，朱振云，等．基于 APS 质量框架的孤独症儿童融合教育质量提升实践研究：以北京市为例 [J]. 中国特殊教育，2023（6）：89－96.

[3] 杨银，赵斌．生态系统理论视域下我国特殊儿童融合教育发展路径探析 [J]. 教育评论，2019（2）：30－34.

[4] 石茂林，郭凡．通用课程设计理论及其在融合教育中的应用 [J]. 绥化学院学报，2012，32（5）：156－158.

[5] 昝飞，谢奥琳．自闭症儿童行为功能评估的个案分析 [J]. 中国特殊教育，2007（5）：62－67.

[6] 李成齐．自闭症儿童的行为问题辅导：功能评估的应用研究 [J]. 中国特殊教育，2005（8）：44－47.

[7] 孙美丽，申仁洪. 美国特殊教育课程融合取向的设计模式及启示［ J ］. 青海民族大学学报（教育科学版），2011，31（ 2 ）：89 － 94.

[8] 萨尔维亚，伊塞尔代克，威特默 . 特殊教育和融合教育中的评估［ M ］. 13 版 . 谌小猛，译. 北京：华夏出版社，2024.

[9] 王国光. 孤独症儿童的幼儿园融合教育［ M ］. 北京：中国妇女出版社，2018.

[10] 上海游语教育科技有限公司. 融合教育实践指南：影子老师操作手册 [M]. 上海：上海交通大学出版社，2018.

[11] 朱霖丽，戴玉蓉. 融合教育实践指南：写给班级教师的融合策略：幼儿园版［ M ］. 上海：上海交通大学出版社，2023.

[12] 朱霖丽，戴玉蓉. 融合教育实践指南：家校合作实务［ M ］. 上海：上海交通大学出版社，2021.

附　录

“暖融融与爱多多”融合教育项目经验分享

广西壮族自治区直属机关第二幼儿园（以下简称“广西二幼”）创办于20世纪50年代中期，1975年5月由自治区机关事务管理局接管，命名为自治区直属机关第二保育院，1999年更名为广西壮族自治区直属机关第二幼儿园。广西二幼被评为自治区精神文明单位、自治区示范性幼儿园、自治区爱国卫生先进单位、自治区绿色幼儿园、南宁市示范幼儿园、南宁市文明单位、南宁市卫生保健甲类幼儿园、南宁市中小学校先进科研单位、中国蒙台梭利教育实验园、全国幼儿教学先进单位。广西二幼自“十二五”起开展自治区级课题研究4项，在广西基础教育自治区级教学成果评比中多次获奖。

广西二幼自1998年引进蒙台梭利教育以来，一直围绕《幼儿园教育指导纲要（试行）》和《3—6岁儿童学习与发展指南》将蒙氏教育本土化及园本化，目前18个班均采用混龄编班，将大中小不同年龄的幼儿编在一个班级中，发挥混龄教育的优势。在混龄教育中创设“以儿童为中心”的“准备充分”的环境，融入戏剧、环保、少数民族传统体育教学内容，采用区域、小组及个别化的模式开展游戏、生活和学习。

2015 年，广西二幼与广西壮族自治区听力言语康复中心签订协议，成立区内首家“聋健融合合作园”，让听障儿童拥有了平等享有区内示范性幼儿园优秀教育资源的机会。2016 年，双方合作开展的广西特殊教育研究专项课题“融合教育在普通幼儿园的实践与探索——以听障儿童为例”正式启动。2018 年，“融合教育在普通幼儿园的实践与探索——以听障儿童为例”结题，并荣获广西基础教育教学成果二等奖，这期间，发表相关论文案例等共计 8 篇。2019 年，广西二幼将融合教育的对象从听障儿童扩大到孤独症儿童。2020 年，广西二幼成功申报广西基础教育教学提升项目“特殊儿童在普通幼儿园中的融合教育模式探讨与实践”，与广西壮族自治区残疾人康复研究中心共同开展孤独症儿童在幼儿园融合项目，开展融合教育。

从聋健共融到孤独症融合教育，从 6 名孩子、2 个班到 15 名孩子、5 个班，从 2015 年至今，作为广西第一所开展融合教育的幼儿园，在自治区教育主管部门的支持下，广西二幼一直在探索融合教育发展路径，践行着公办示范性幼儿园的责任与担当。

一、“暖融融与爱多多”的新行动

广西二幼将融合教育工作纳入发展规划，加强组织保障与队伍建设。一是园长领衔，落实第一责任人制度，以行政强力推动融合教育开展；二是实行网状架构，健全组织管理，成立“暖融融与爱多多”融合教育推进小组，管理层核心参与其中，定期召开专题会议；三是与广西壮族自治区听力言语康复中心、广西壮族自治区残疾人康复研究中心合作共建，厚植融合教育理念，提升教师专业能力；四是着力打造资源教师队伍，充分发挥帮带作用。

二、“暖融融与爱多多”的新路径

广西二幼在融合教育课程实施与评价上攻坚克难，为每一位特殊需要儿童提供适合的教育。一是做好教育评估与安置，做到“零拒绝”，应融尽融，应随尽随；二是践行个别化教育制度，为特殊需要儿童提供“一人一案”“一人多师”的教育模式；三是实施课程与教学适宜性调整，满足所有儿童不同教育需要，促进其身心健康发展；四是探索多元化评价，如综合过程性评价、一日生活观察记录评价、评估报告评价等。

三、“暖融融与爱多多”的新面貌

广西二幼大力建设全纳教育环境，营造尊重差异、接纳差异、支持成长的融合教育氛围。一是建设优质融合班级，树立“儿童之家”概念，综合利用园内资源，使教室、户外、功能馆综合化、多元化。二是营造悦纳氛围，通过环保课程、同伴共学、志愿服务等方式，构建班级新生态，让全体师生和家长都能理解、尊重、帮助、陪伴特殊需要儿童，使特殊需要儿童更好地融入集体，快乐地学习与生活。

四、“融合教育”的新成果

2021 年 9 月，广西二幼成为广西智力残疾和孤独症儿童融合教育试点园；广西二幼融合教育被《广西日报》、“学习强国”APP 等多次报道；广西二幼多次承办自治区级融合教育专题培训、研讨活动，充分发挥示范、引领、辐射作用；广西二幼建构普通幼儿入托特殊需要儿童筛查机制，形成“幼儿园入园评估、干预与转衔评估——观察评估表”，为特殊需要儿童更快适应幼儿园生活进行提前干预；广西二幼建构广西特殊需要儿童康复机构的支教系统，从 2015 年至今，每学期安排骨干教师到广西 14 个地市康复机构开展融合教育支教活动；广西二幼协助广西壮族自治区残疾人康复研究中心发表了 3 本专著：《视觉教学策略》《特殊需要儿童的主题教学教案集》《学龄前孤独症儿童融合教育模式》。

为真正实现教育的普惠、公平、优质，让每一个儿童都能享受到公平而有质量的教育，每一位广西二幼人都应该脚踏实地，踔厉奋发，笃行不怠，让每一朵蓓蕾都有机会绽放。

致谢

“学龄前孤独症儿童融合教育指导丛书”（以下简称“丛书”）是广西壮族自治区残疾人康复研究中心（以下简称“广西区康”）康教团队多年来对于学龄前孤独症儿童融合教育的实践及探索凝结的成果，也是理论性和实操性兼具的指导用书。

丛书前四册《学龄前孤独症儿童融合教育模式》《支持与引导：给辅助教师的融合教育指导》《接纳与转变：给家长的融合教育指导》《调节与干预：读懂孤独症儿童的情绪与行为》自出版以来，受到广大融合教育从业者和家长的广泛肯定。在大家的期待中，广西区康完成了第五册《学龄前孤独症儿童融合教育支持性课程》。支持性课程的设计与实施是学龄前孤独症儿童融合教育的重要实践，如何在不影响幼儿园日常班级秩序的前提下，设计、调整和实施课程，支持孤独症儿童更好地适应及参与幼儿园的学习和活动，帮助其实现高质量融合，是当前需要深入探索的课题，也是进一步推动学龄前孤独症儿童融合教育全方位支持模式建立的重要举措。

随着广西区康与广西壮族自治区直属机关第二幼儿园“暖融融与爱多多”融合教育项目的合作深入，在团队所有成员的努力下，我们探索并总结出了学龄前孤独症儿童支持性课程的具体制定和实施方法。本书通过理论梳理和真实融合案例呈现，从评估及支持方案制定、支持性课程设计及实施、融合教育康复指导师角色及技能和家庭、幼儿园与社会支持几方面展开叙述，以丰富和完善现有的融合教育模式。

融合不代表一切，融合也不是唯一的答案，希望本书能够为从事学龄前孤独症儿童融合教育的工作人员、普幼教师以及家长提供帮助，厘清融合实践过程中遇到的困难和挑战，找到目标和方向；协调和联动更多的社会主体和力量加入融合教育工作中，形成多方合作的支持网络，共同推动融合教育的发展与创新；帮助更多孤独症儿童走进幼儿园，在融合有爱的环境中与其他儿童一起在阳光下健康成长。

诚挚感谢广西壮族自治区残疾人联合会对本书撰写提供的大力支持以及为广西残疾儿童学龄前融合教育康复救助的落实提供的政策保障。

大家对孤独症儿童融合教育的认识是在不断发展和更新的，

后续我们也会立足新形势、新情况，继续优化和调整学龄前孤独症儿童融合教育支持性课程内容。因当前实践团队自身的认知、融合经验有限，不足之处敬请广大读者朋友批评指正。

主编　史　玉

2024 年 7 月